ルディー和子

JN275889

# 格差社会で金持ちこそが滅びる

講談社+α《プラスアルファ》新書

# はじめに

ビジネスでの交渉の際、相手との違いにばかりにこだわっていると、いつまでたっても意見がまとまらず合意できないことがよくあります。

そんなとき、解決策の糸口を見つけるために、ここが違うとかあそこが違うとか考えることから一時離れて、互いの共通点を探すようにしてみます。違いの根底にある共通点を見つけることによって、なぜ、相手との間に違いが出てきているのか、真の理由がわかる。その結果、妥協点を見出すことができるようになることもあります。

まず最初に共通点を見つけることとは、海外で商品を売るときにも重要です。

エルメスやグッチといったブランドが世界中のどこでも高価格で売れるのは、どの文化においても、上流階級とか富裕層とか一流とかを連想させる商品に、憧れや欲望があるからです。共通する要素がわかったあとで、この国は鮮やかな原色が好きだから赤とか黄色の商品をそろえるなど、文化の違いを考えるようにするわけです。

地球上に住む約七〇億の人間は、二〇万年前にアフリカに住んでいた同じ祖先に遡ることができます。でも、今から約一〇万年前、私たちの祖先はアフリカ大陸を離れ、住みやすい地を求めて世界各地に分散しました。そして、およそ一万年前には農耕生活を始めて定住するようになり、住み着いた地の風土によって、異なる文化や風習が生まれるようになりました。

各地域固有の文化を持つようになってからの人間の歴史はわずか一万年です。

ですから、国や文化が違っても、考え方や感じ方は基本的に共通するところがたくさんあるはずです。

そういった観点から、ビジネス社会におけるいくつかの問題を考えてみました。雇用制度や従業員対策、組織内での男女の役割や関係、マタハラやパタハラの問題なども考えてみました。そうしたら、ドライといわれるアメリカの経営者が細やかな神経をつかって従業員とのコミュニケーションをはかっていること、また、欧米先進国でも伝統的な男社会の文化に悩んでいる女性管理職が多いことなど新しい発見がありました。

また、日本企業の男社会の文化は、働く女性をとまどわせるだけでなく、覇気のない創造性の乏しい男性社員を生んでいることもわかってきました。

想定外のことでしたが、ビジネス社会における他国との共通点を探る過程で、組織内での平等を潔癖なまでに優先する日本人の性質が浮き彫りにされるようになりました。それがマタハラやパタハラだけでなく、長時間労働の要因の一つであることも明らかになったのです。

そこで、次に、なぜ、日本人が組織における平等をこれほどまでに大切にするのかを考えてみました。集団が結束して協力することを重視するからだと思いました。

集団の結束を大切にする考え方は、実は、人類の祖先がアフリカ大陸に住んでいたころに遡ります。でも、一万年前に各地での定住生活が始まるようになってから、この考え方は多くの地において徐々に薄れていってしまいました。

なぜ、日本人はいまだにこの考え方を大切にしているのでしょうか？

結論だけ先に言ってしまうと、集団における調和や協力関係を重要視する謎を解く鍵は、日本人の多くが持っている「不安遺伝子」にありました。

この答えにたどりつくまでに、格差社会になると富裕層までが健康を損なうこととか、日本の匠《たくみ》の技も不安遺伝子に関係があるというような面白い発見もありました。

すべては、会社で誰もが日ごろ経験している出来事と、証明された事実（調査や実験結果）を紡いで編んだ私の説です。物語のように楽しく読んでいただければ、そして、読者の皆様のお役に立つような何らかのヒントをご提供できたら、とても嬉しいです。

## ◉目次

## 第二章　「義理と人情」の「仁義なき」プレゼント戦争



## 第三章　ジェラシーこそ人類皆平等の源泉～男が女を妬むとき

## 第六章　不安遺伝子が日本を守る〜短所は長所になる

# 第一章　ドライな日本人とウェットなアメリカ人～「違い」についての勘違い

## 終身雇用は日本古来ではない

企業の雇用慣行で日本と諸外国との大きな違いをあげるとすれば、「終身雇用制度」をまっさきに思い浮かべる人が多いのではないでしょうか。

高校や大学を卒業した新卒者を社員としてやとい定年まで雇用する終身雇用制度は、勤続年数、年齢などに応じて役職や賃金を上昇させる「年功序列制度」とともに、日本企業特有のものだと考えられています。バブル崩壊後は、この「終身雇用」と「年功序列」が破綻しつつあるといわれます。「昔からある日本型雇用制度は良いと思う」と支持する若者の割合が高いという意外な調査結果もあります。

会社が従業員に六〇歳とか六五歳までの長期にわたる雇用を保証するかわりに、従業員は会社に忠誠をつくす。

こういった関係は「社長は親、社員は子供」とする家族に例えられることも多く、「これこそ日本固有の文化だ」と海外でも日本国内でも思われているようです。

が、実際には、二つの制度は、戦後の高度成長時代に、人手不足を解消し長期にわたって雇用を確保するために作られた、いわば「従業員のため」というより「企業のため」の制度として定着したものです。それまでは、とくに第一次世界大戦の影響で日本でも重工業が発展するようになる以前は、日本の工場における従業員はより良い条件を求めて転職することが多く定着率は低かったといわれます。

たとえば、第一次大戦の前には、工場従業員の八〇パーセント近くが勤続年数が三年未満だったようです。

どちらにしても、終身雇用制度とか年功序列制度とはいいますが、会社と従業員との関係を規制するきまりごとではなく、あくまで古くからの習わしとして行われている慣行です。

古くからの慣行……といっても、終身雇用の歴史は、たかだか七〇年くらい。そのうえ、こういった雇用慣行を採用していたのは官公庁とか大企業とかに限られており、中小企業は戦前も戦後も従業員の転職率は高かったというのが実態でした。

二〇〇六年の調査によると、勤続年数が三〇年以上に及ぶのは、従業員一〇〇〇人以上の大企業の製造業に従事する男性社員に限定されており、そういった大企業に働く男性社員の全労働人口に占める割合はわずか八・八パーセントでした（厚生労働省「賃金構造基本統計調査」）。

こういった実態があるにもかかわらず、終身雇用は、なぜ、日本企業特有の制度とみなされるようになったのでしょうか？

そして、会社の手厚い雇用方針とそれへのお返しとしての社員の忠誠心が強調され、「会社は家族、社長は親で社員は子供」という考え方が日本企業特有のものとみなされるようになったのは、なぜでしょうか？

外国人はむろんのこと日本人でさえも、日本企業の雇用慣行は日本独特の文化であると考えるようになったのには、次のような理由があります。

## 実はアメリカ由来

日本は、高度経済成長を経て一九六〇年代末には世界第二位の経済大国となりました。日本の急成長ぶりは、西欧文明の絶対的優位を信じて疑わなかった当時の先進国に非常に大きな驚きを与えました。

日本が中国にGDPで抜かれたときのショックなどとは比べられないくらい大きなショックです。文明、文化において格段と劣っているはずの東洋の島国、しかも敗戦国の日本が、自分たちをおびやかすような良質な自動車や家電製品を製造することができるなんて、当時の西欧先進国の人たちにとっては信じられない、というか、信じたくないことでした。

とくに、日本からの輸出攻勢をうけた米国ではその驚きは大きく、ビジネスマンはむろんですが学者たちも、その理由を見つけようとしました。

そして、その理由を与えてくれたのが、日本のビジネスについて研究していたアメリカ人のジェイムズ・アベグレンです。

アベグレンはシカゴ大学やハーバード大学という名門校を卒業後、第二次世界大戦には海兵隊の一員としてガダルカナル島や硫黄島で戦い、終戦直後には米国戦略爆撃調査団のメンバーとして広島も訪れています。

一九五五年には、フォード財団の研究員として、日本の企業組織や人事制度を調査するために、日本にやってきました。そして、日本電気や住友化学など五三件の工場を訪問調査した結果を一冊の本にまとめたのです。

一九五八年に出版された『The Japanese Factory（直訳では「日本の工場」）』という本は、日本語版では『日本の経営』（ダイヤモンド社）というタイトルで出版されました。終身雇用という言葉を造ったのもこの米国人です。原著では「permanent employment system」となっていた言葉が、日本語版では「終身雇用」と訳されました。

この本は日本で大ベストセラーになりました。

終身雇用や年功序列があるからこそ、米国のように労働組合と経営者とが対立することもなく協力しあい、互いに助け合う共同体として力を発揮することができる。

そう主張する本が、敗戦から一〇年をへて高度成長の波に乗り始めたばかりの当時の日本人に自信を与えてくれたのでしょう。

翌年の一九五九年には、日本経営者団体連盟が「定年制度の研究」という報告書のなかで「終身雇用こそ日米の企業活動を分かつ決定的な相異点」であると断言したくらいです。

**崩壊は必然**

という経緯で、最初に、まず、日本人のなかで、終身雇用制度は日本特有の文化だという考え方が浸透しました。

米国ではほとんど脚光を浴びていなかった本ですが、日本経済が急成長し、良質な日本の工業製品が国内製品をおびやかすようになるとともに、日本を研究する学者も増えるようになりました。一九六〇年代から七〇年代、八〇年代にかけて、日本にやってくる海外のビジネスマンや研究者たちは、必ずといっていいほど、アベグレンが書いた原書を読んだものです。

敗戦国日本が、東洋の島国でこれといった資源もない貧しい国が、急速に経済成長を達成している秘密は、経営陣と忠誠心の高い従業員が一丸となって勤勉に働く雇用制度にある。海外のビジネスマンや学者たちはそう考えました。

日本が世界第二位の経済大国として認知されるようになったころには、社員一丸となるために有効だとして、朝礼やラジオ体操といった、日本企業の慣例をまねするアメリカ企業まで現れたくらいです。

ところが、一九九〇年代初期のバブル崩壊とともに、終身雇用制とか年功序列制度は、一転して、日本の企業の弱点として取り扱われるようになりました。

非正規雇用の増大にリストラ、大企業であっても早期退職者を募るほどになりましたし、従業員のための福利厚生費用の削減も歯止めがきかない状況です。年功序列にかわって能力給を採用する企業も増えています。

当然のことでしょう。もともと、日本特有の文化ではなかったのですから。

他の国の企業と同じように、経済環境や労働環境の変化によって、雇用慣行や雇用制度は変わるものです。戦後の経済成長の時代にアベグレンが観察したものは、その時代の企業環境に適切な慣行であり制度だったのです。

## 人手不足で雇用慣行は変わる

この例のように、文化や国の慣行の違いといわれるものは、たまたまその国を訪れていた外国人が発見することが多くあります。

私たちが外国旅行をすれば母国との違いばかりが目につく。たとえ数年外国に滞在している人でも、自分が知っていた日本と、いま自分が体験している外国との違いにやっぱり目がいく。

でも、自分が生まれる前の日本や外国の歴史を学べば、その違いだけでなく、共通点が見えてくるようになります。

雇用慣行を例にとれば、日本の戦前からもっとさかのぼって江戸時代までの歴史をふりかえり、また、西欧先進国の歴史も調べてみれば、互いの共通点を見つけることができるかもしれません。

たとえば、どの国でも、好景気で人手不足になれば、従業員の定着率をはかり、なるべく長い間働いてもらえるような報酬制度（長くいるほど出世するとか長くいるほど給料が上がる制度）を採用するようになるのです。

日本でも、バブル崩壊後には非正規社員の採用が増大しました。が、アベノミクスで景況感が改善されると、この傾向は一転します。人手不足のサービス業ではアルバイト従業員を積極的に正規社員に登用するようになったのです。

同じように、人手不足のアメリカのＩＴ業界やネット関連業界では、かつての日本企業もびっくりするくらいの手厚い福利厚生を提供するようになっています。

## シリコンバレーの至れり尽くせり

二〇〇〇年代に入ると、米国西海岸のシリコンバレーに集まるハイテック企業が従業員を高待遇していることが話題となります。メディアでもさかんに紹介されるようになり、たとえば、ＮＨＫは「サラリーマンＮＥＯ」という番組のなかで、「世界の社食から」というシリーズを二〇〇五年から始めましたが、記念すべき第一回はGoogle（グーグル）でした。

グーグル本社に散在している一八軒のレストラン（社食）は、伝統的アメリカ料理とかエスニック料理とかスシとか……テーマ別になっていました。

そのうえ、いつでも手軽にスナックやコーヒーを飲み食いできるコーヒーカウンターが、社内に四〇軒以上もあるのです。朝、昼、晩、いつでも好きなときに、料理本まで出している有名シェフがつくった食事を無料で食べられるという何ともうらやましいさまが放映されました。

いくら急成長している企業でも、そんなに大盤振る舞いして大丈夫かと心配になります。二〇〇七年に「ワシントン・ポスト」紙の記者が、一人一日一〇ドルとして一日当たり一〇万ドルは使っているだろうと計算しています。

そのワシントン・ポストの記事のなかでは、シリコンバレーのIT企業が社食にこだわるのは、社員の生産性を高めるためだと説明されました。

従業員が食事をするために外出して帰ってくる時間の無駄を考えたら、一日一〇万ドル使ったほうがよい。また、深夜でも食べられるようにすれば長時間働いてもらうこともできるわけだから、そのほうが会社にとって得になるという考え方です。

グーグルなども、最初は二四時間利用できる無料のグルメ社員食堂といった程度でしたが、それから始まって、シリコンバレーのハイテック企業における従業員への大盤振る舞いはエスカレートする一方です。

トレーニングジムやマッサージ、保育所などの無料サービスが社内で受けられる。最近では、会社だけでなく社員の自宅の掃除の手配、ベビーシッターや年老いた両親の世話係の派遣、夕食の持ち帰りの手配などにも及んでいます。

## 儲かるからできる

なぜ、ここまでして従業員の満足度を高めようとするのでしょうか？

その背景には人材不足があります。

ハイテック企業に必須な優秀なデータ分析者やエンジニアは引く手あまた。

「一年間、同じ会社で勤めたら長いほうだ」

と揶揄《やゆ》されるほど離職率が高く、それを防ぐために他社よりも魅力的な労働環境を提供しようと努めているわけです。

日本企業が高度成長時代に従業員を確保するために終身雇用慣行を定着させたのと同じ理由で、アメリカでもシリコンバレーのハイテック企業は従業員を確保するために、驚くほど手厚い福利厚生を提供するようになっているのです。

それが経済的に可能なのは、グーグルやフェイスブックといった新興企業が高成長をとげ、社員に還元できるだけの利益を確保できているからです。

でも、こういった企業でも、もし将来、売り上げが下がり利益が確保できなくなれば、バブル崩壊後の日本企業のようにリストラをし、福利厚生を削っていくことになるでしょう。

## 「ドライなアメリカ人」は本当か

社員と会社との関係すべてを人手不足とか離職率の低下のためとかいった経済的理由だけで説明するというのは、あまりにクールすぎる。身もふたもないではないか、と異議を唱える方もいるかもしれません。

日本企業の社員には会社のために頑張ろうという気持ちがあったし、いまでもあるはず。会社だって、日本の会社は、米国企業のように「即刻クビ」なんて情け容赦もないやり方はしない……そう思われる方もいることでしょう。

二〇〇八年の金融危機のとき、テレビのニュースでは、クビを言い渡された米国・ウォール街の銀行や証券会社の社員が、段ボール箱に自分の持ち物だけを入れ、会社ビルから追い出されるように出てくる光景が何度も放映されました。

こういった光景がニュースで流れるたびに、「ドライな米国」と「ウェットな日本」の違いが浮き彫りにされます。

ですが、米国の会社のなかにも、こういったやり方に反対し、日本の経営者以上にウェットな、つまり情を大切にする経営者もいます。

私は、この本のなかで、国や文化が違っても、その違いの根底にある共通点を見つけたいと思っています。ここでは、この「ドライなアメリカ人」と「ウェットな日本人」という固定観念に的をしぼって、そこにあるアメリカ人と日本人の意外な共通点を見出し、ご紹介したいと思います。

そのために、さきほどの「社食問題」にいったん戻って、そもそも社員がいっしょに食事をすることにどういった意義があるのかについて、考えてみましょう。

## 「同じ釜の飯を食う」

日本では昔からのことわざに「同じ釜の飯を食う」とあるように、「食事を分け合った」仲間は信頼できるとされます。

同じように、英語で仲間とか会社という意味のcompanyの語源も、また、ラテン語でcum（と共に）panis（パン）、つまり、パンと共に（食事を分かちあう）という意味なのです。

どちらにせよ、信頼できる仲間になるには、まず、いっしょに食事をしなければいけないということです。

日本のネット関連企業最大手の楽天は二〇〇七年に、本社ビル一三階に社員食堂を開き、社員は原則無料で食べられるようにしました。

当時、同社の三木谷浩史社長は、眺めのよいフロアに朝・昼・晩と三食提供する社員食堂を開いたことについて、

「従業員は家族のようなもの。（だから）家にいるような居心地のよい空間にした」

とか、

「同じ釜の飯を食べて、（社員同士が）社員を家族のように思ってほしい」

と語っています。

三木谷社長のいうとおり、世界中のどの文化においても、いっしょに食べることは、その集団に属しているという帰属意識を表している……と人類学者は考えています。

**肉食が家族生活の原点**

人類の歴史をたどると、家族の発生は食事と深く関係していたと考えられます。その説明をするために、一気に、四〇〇万年前のアフリカのサバンナにタイム・トラベルしてみまし

ょう。

人類の祖先である霊長類は、もともとはアフリカの森のなかで、大半は独りで暮らし、果物とか葉っぱとか木の実を好んで食べていたようです。

しかし、気候の寒冷化が進んだために、森が縮小し、しかたなく、森から出て、二本足で歩くようになったと考えられています。

まだ、サルに近い顔をした類人猿の誕生です。

そして、それから三五〇万年がたち、私たちの祖先は組織的に狩りをして肉食をするようになっています。肉を食べるようになって、脳が大きくなり、祖先は知力を得るようになります。

ですが、肉は植物と違って早く腐る。だから分かち合う必要が出てきました。また、狩りは男のほうが上手にできるために、男が獲物をとり、それを、ある程度の期間持続的関係を持つ女や、その女との間にできた自分の子供に分配するようになります。

つまり、食べ物を分け合う最小単位として「家族」が誕生した、と考えられています。

## 食事から共同体へ

いっしょに食事を分け合って食べることで「家族」という集団の最小単位が生まれたというわけです。

そして、食卓での会話からその家族の価値観がつくられます。家族がいっしょに食事をするときに交わす会話——。その中で、約一万年前に日本で定住生活を始めた私たちの祖先の父や母は自分たちが信じる価値観を子供に伝えます。

「おじいさんは死んでも、こことは違う国で生きていて、私たちを見守ってくれている」

と祖先を敬う気持ちを教えたり、

「食べるものがない親戚には食べ物を分けてやる。そうすれば、今度は自分が困ったときに食べ物を分けてくれる」

という相身互いの価値観を伝える親もいるかもしれません。

いずれにしても家族のメンバーは自分たちの価値観で外の世界を見て、比較し、良し悪しを判断するようになります。こうやって、家族の集合体である共同体のアイデンティティや文化が構築されてきたのです。

## 待ち時間まで研究

そういった意味で、社員がいっしょに食べることは重要な意味をもちます。

「ドライな国」のアメリカにおいても、社員食堂の意義を、生産性向上とか離職率を下げるためといった経済的理由だけでなく、社員同士の共同体意識を高めるところに見出している企業もあります。

たとえば、先に挙げたグーグルは、社員の働くことへの満足度を高め、楽しく働いてもらうためには、どうしたらよいかと考えました。

そこで人事部に社会学者を雇い、いろいろ調査してもらったところ、「社員同士の相互作用が高いほうが、仕事への意義を感じやすく、いつもハッピーな気持ちで働ける」

ことが判明しました。

つまり、社員同士のコミュニケーションがさかんなほど、社員はハッピーに働けるということがわかったのです。社員食堂（カフェテリア）は、社員同士のコミュニケーションを増やす対策の一環としても利用されています。

カフェテリアはビュッフェ形式になっていますから、社員は順番を待って並びます。待ち時間に行列の前後の社員と言葉を交わすチャンスがあります。初めて会う見知らぬ社員と互いに自己紹介したり、互いに意見を交換し刺激しあうことでアイデアが生まれたりすることもあります。

とはいえ、あまり長い待ち時間だと行列をつくっている社員はイライラしてきます。でも、あまりに待ち時間が短すぎると、前後の社員同士がコミュニケーションする時間がありません。

いろいろ実験して、あまり長くもなくあまり短くもない待ち時間を算出し、調理時間や係員の数や配置を決めるようにしているそうです。

いかにも科学性を重んじるグーグルらしいやり方です。

そして、社員食堂をたんなる離職率低下や生産性向上のためだけでなく、社員の満足度を高め共同体意識を育成するための重要要素であると考えていることがわかります。

## アメリカ式社員の幸福追求

このように、社員が幸福感を感じながら楽しく働けるためには、従業員を第一に考え、会社の成功は自分たちの幸せにつながるという連帯感を感じてもらうことが一番だ……と考えるのは、いまや、日本企業に限ったことではありません。

とくに、バブル崩壊後の長く続いた不景気のなか、非正規社員の増大、福利厚生の削減を進めてきたいまの日本企業のなかには、共同体意識が希薄になってしまったところもあります。

その一方で、米国西海岸の新興企業のなかには、「古き良き」日本企業のお株を奪ってしまうような会社もあります。

たとえば、靴のネット通販として有名なザッポス。

買った靴を三六五日以内なら返品できる。

しかも送料、返送料ともに無料。

……びっくりするような販売条件（オファー）で有名になり、創業して一〇年もたたないうちに一〇億ドルの売り上げを達成するという大成功を収めました。

その後、アマゾンに買収されましたが、ネット販売における送料無料という過激なオファーをひろめたのは、実は、アマゾンではなくて、ザッポスなのです。

この会社の創業者兼ＣＥＯ（最高経営責任者）のトニー・シェイ氏は、

「もしかして、一昔前の日本人社長!?」

と勘違いしてしまうような考え方をする人です。

彼は、「自分の使命は従業員と顧客を幸福にすることだ」としばしば口にする人で、当然のことながら、社食は無料。仕事が終わったあと、社員をレストランやバーにつれていったりする。

それは、彼がお酒が好きだからというわけではなくて、

「ボクは、社員が仲間同士つるんで仕事帰りに飲んだり食べたりする、そんな会社が好きなんだ」

と言っているくらいです。

社員が毎日出勤したくなるような会社、給料を稼ぐためだけの仕事ではなく、楽しく仕事ができる会社をつくりたいと考えているのだそうです。

ザッポスでは、社員同士が仕事の流れでそのまま飲みにいったりするのを奨励するために、中間管理職のマネジャーは、自分たちの時間の一〇~二〇パーセントは部下たちとそういったつきあいに使うようにという指示がでているほどです。

シェイCEOは企業文化はそういった職場の外でのつきあいで構築されると信じているよ

うです。

日本では、仕事帰りに同僚と飲みにいくサラリーマンは仕事人間だとか「井の中の蛙」になりやすいと批判されたりしたものですが、シェイCEOに言わせれば、「仕事をするのが楽しくて、職場にいるのが楽しくて、毎日出勤したくなる会社をつくれば、みんなで食事にいったりするのは自然の流れだろう」

ということになるそうです。

シェイCEOはアジア系アメリカ人なので、東洋思想などに深い関心があるのかもしれません。『DELIVERING Happiness（邦題『ザッポス伝説』ダイヤモンド社）』なんて本まで出しているくらいで、幸福の伝道師みたいでちょっと宗教がかっています。

## 七五年前から

ザッポスは極端な例かもしれませんが、社内チームワークを重要視する米国企業の例は確実に多くなっています。

日本の高度成長が話題になった一九八〇年代ころから、日本式マネジメントについては、かなり徹底的に研究され、現在、会社をひきいているトップ経営陣は「日本的チームワーク経営」についてビジネススクールで学んでいるはずです。

ですから、チームワークは日本の企業の強みだなんて古い考えはもう捨てたほうがよいかもしれません。

とくに、西海岸のＩＴ関連の新興企業にそういった考え方がひろまっています。

シリコンバレーを含む西海岸に住む人たちは多様性も高く、他の地域に比べて開放的で海外の考え方を受け入れる度合いが高い。七〇年代、ヒッピー発祥の地で、いまはＬＧＢＴ（同性愛者などの性的少数者）が集まる自由の地なのです。伝統的な考え方にとらわれないぶん、東洋の哲学や思想を採用するのにも積極的です。

社員が楽しく働いてくれれば生産性があがる（この場合の生産性は製造業の生産性とは少し異なります。革新的なアイデアが生まれるといった要素も含まれています）。そのためには社員間のチームワークを推進する必要がある。ＩＴ業者やネット関連企業は、他のどの産業よりも高成長しているので資金も潤沢にあります。社員の共同体意識を高めるためなら費用は惜しみません。

実は、もともと、シリコンバレーには社員を大切にする伝統がありました。一九三九年に創立されたヒューレット・パッカード社は、シリコンバレーの開祖といわれる代表的なＩＴ

企業です。

カリフォルニア州パロアルトにある小さなガレージが最初の事務所で、ここは、現在「シリコンバレー発祥の地」とされ歴史的建造物に指定されています。

ヒューレット・パッカード社には、結婚したり子供が生まれた社員にギフトを贈ったり、無料のコーヒーやスナック菓子を提供したり、家族も招待してピクニックを開催する伝統がありました。そして、こういった社員のチームワークや忠誠心を啓発する方法は、HP Way（ヒューレット・パッカード方式）とよばれていました。

社員が満足すれば会社も成功するという考え方は、後発のシリコンバレーの新興企業にも受け継がれ、これがカジュアルフライデー（職場における階層の撤廃、官僚的雰囲気からの脱却を象徴）や、ストックオプション（ヒューレット・パッカードは、一九四〇年代に、平社員を含めてすべての従業員にストックオプションを提供しました。会社の成功は社員も経営者も平等に分かち合うというのがＨＰ方式です）が生まれた背景にあります。

バブル崩壊後に景気低迷が続き、日本企業が伝統的な社員との家族的チームワーク構築を無視してきた間に、海外の企業に、お株を奪われてしまった感があります。

# 第二章　「義理と人情」の「仁義なき」プレゼント戦争

## 自分から降りていく役員

この章でも引き続き、「日本はウェット、アメリカはドライ」問題について、みていきたいと思います。

私自身の話になりますが、三〇代初めのころ、外資系企業に勤めていました。本社での研修のため一ヵ月ほどニューヨークに滞在していたことがあります。

その会社の女性役員は、最初は社長秘書から始めて、取締役まで出世した人で、当時は、著名企業の女性役員として、ビジネス誌などにも取り上げられるくらい、かなり有名な人でした。どういった状況だったかは忘れたのですが、彼女が私に言った言葉は、今でもよく覚えています。

「私はね、部下と話をするときは、電話ですませるのではなく部下がいるフロアまで行って、顔を見て会話をするようにしているの。きちんとしたコミュニケーションはそうしなければできないと思うの」

役員ですから最上階の役員室フロアに個室をもっているわけですが、部下と大事な話をするときは、そこから、下のフロアにわざわざ降りていって、自ら話をするようにしているというわけです。

上に立つ人間というのは日本もアメリカも変わらないのだと、私はそのとき、新たな発見をしたように思ったものでした。

「アメリカ企業での人間関係はドライだ」と決めつけられることがよくあります。でも、私が会った多くの米国ビジネスマンは、とくに、トップ経営者といわれる人たちは、人間関係において非常に細やかな神経をつかう人が多かったと思います。

## 六割の時間を社員に

「有能だけれども冷酷無比な経営者」で思い浮かべるのは、アメリカの大企業GE（General Electric Company）のCEOを二〇年間務めたジャック・ウェルチでしょう。

四五歳のとき、GE史上最年少のCEOに抜擢され、就任から五年足らずで従業員を四一万一〇〇〇人から二九万九〇〇〇人と一〇万人以上の大リストラを敢行。特定の産業において一位か二位でない事業は廃止するという、大鉈を振るったことから〝ニュートロン・ジャック〟（中性子爆弾は放射線が多量に飛散しても破壊力は弱く、「生物は殺しても建物は残る」という揶揄《やゆ》が込められている）と呼ばれるようになりました。

アメリカの「ドライな経営」を象徴するようなエピソードです。

こういったエピソードから、「ワンマン経営者」と思われがちなウェルチではありますが、実際には、従業員とのコミュニケーションを大切にしてきたことを証明するエピソードもたくさんあります。彼は、自分の時間の六〇パーセント以上を、社員に自分の考えていることをコミュニケーションし、大きな方針や戦略の重要性や必要性を理解してもらうために費やしたと語っています。

数十万人の従業員をかかえるGEは大きく複雑な組織です。役員はもちろんですが、その下の日本でいったら部長クラスの人間だけでも一万五〇〇〇人はいます。九レベルの階層がある組織だったといわれます。

ジャック・ウェルチは、少なくともトップマネジャー一〇〇〇人の名前と担当内容を記憶していました。そして、役員レベルの会議だけでなく、さまざまな会議に同席し、子会社や工場をまめに訪問し、自分より数階級下のレベルのマネジャーと昼食を食べたり、また短い直筆のメモを送ったことで知られています。賞賛、激励、叱責、指示をする短いメモは、すぐに担当者にファクスで送られ、その後、直筆のメモが郵送で送られてきたそうです。

そういった公式のコミュニケーションだけではありません。

たとえば、ある若いマネジャーが、ウェルチの前でプレゼンをしなくてはいけないことになりました。それまでウェルチに会ったこともないマネジャーは、緊張して声もふるえるくらいでした。プレゼンのあとで、彼は、プレゼンの準備に二週間しかなく、自宅でも深夜遅くまで働いたこと、朝は家を出るまえにあまりに緊張していたので、妻が、

「プレゼンに成功しなかったら家から追い出すわよ！」

と元気づけてくれたことを、ウェルチに告白しました。ウェルチは、その日のうちに、マネジャーの奥さんに、バラの花束とシャンペンを届けるよう手配しました。

バラの花束には直筆のカードがそえられ、

「あなたのご主人は素晴らしいプレゼンをなさいました。（プレゼンの準備をした）この二週間、お二人に大変な思いをさせましたね」

と書いてあったそうです。

このマネジャーが、会社というかウェルチへの忠誠心を高めたことはたしかでしょう。

このように、ドライの国といわれるアメリカでも、組織の頂点に立ち成功を収める人たち

というのは、日本の組織のトップに立つ優れた経営者と同じような考えを持っているのです。組織を作っているのは人間であり、人間の心を掌握しなくては、自分たちトップが考えた戦略や方針を実行してはもらえない。そのために必要なのは、相手の心理を考えたうえでの繊細な配慮です。

優秀な経営者というものには、日本でもアメリカでも、根本的なところで多くの共通点があります。

## 「義理と人情」のプレゼント

アメリカでは贈り物をする機会が「やたらめったら」という表現がぴったりなくらい多くあります。

誕生日に結婚記念日。結婚式の前に花嫁の友人や家族が集まってパーティを開き、プレゼントをあげ、結婚式にもまたあげる。赤ちゃんが誕生する前にも妊婦の友人や家族が集まってプレゼントをあげ、生まれたら、またプレゼント……。

もし仮にギフトを贈らないとしても、少なくともグリーティング・カードの交換は必ずしなくてはいけません。

クリスマスなどの年中行事に際してアメリカ人が買うグリーティング・カードの数は毎年六五億枚といわれます。母の日のカードにしても、義理の母親用のカードとか実の母親用のカードの区別があるくらいです。バースデイカードにも、実の娘用のカードや義理の娘用のカードなどがあります。

親戚、友人、知人、仕事上の知人をいれ、それぞれの誕生日や結婚記念日なんて、もうとても覚えていられないから、みんなスケジュール表にきちんと書いてあって、忘れないように出すことになります。

相手から自分の誕生日にバースデイカードをもらっているのに、自分が出さないなんて、「義理を欠く」という言葉はなくても、非常識なことであり、場合によっては、相手の心を深く傷つけ、絶交宣言をしたように受け取られることもあるくらいです。

それでも、カードを書いて送るぐらいは、まだまし。

ギフトを贈るとなると大変です。店舗に出かけてショッピングということになれば時間も手間もかかる。しかも、誰に何を買うかを決めるのは、相手の年齢、趣味、好き嫌いとか、あらゆる要素を考えなくてはいけないわけですから、とても悩みます。

ギフトが一番売れるのはやっぱりクリスマス。一一月から一二月の間に、個人消費の四分の一が費やされるお国柄です。おもちゃ業界などは、クリスマスシーズンに年間売り上げの半分をかせぐといわれます。

クリスマスに向けて、一一月末ごろからショッピングが始まります。混んだ店舗で人ごみをかきわけ買い物したり、誰に何をあげたらよいかといろいろ悩む。一二月になると、クリスマス・ギフトをどうするかのストレスで、頭痛がしたり睡眠障害に悩む人が一挙に増えるそうです。最近では、ギフトにまつわるこういった悩みを解決するために、ネットや店舗ではさまざまな工夫をしています。

たとえば、欲しくもないギフトを受け取ってしまったとしても大丈夫。

アメリカでは、ギフトを返品して金券や他の商品と交換するのは当然だと考えられています。レシートがあれば返品手続きが簡単にできるということで、わざわざギフト商品といっしょにレシートをいれて贈る人もいます。そのために、価格がバーコードで印字されていて、わからないようなレシートを発行してくれる店舗もあります。

## もらう前に返す

一昔前、お中元、お歳暮のやりとりがさかんだったころの日本でも、受け取った商品を返品したり、あるいは同じ値段の他の商品と交換したり。アメリカのクリスマス・ギフトと同じように、店舗での煩雑な手続きに時間をとられたものでした。

でも最近は、職場の上司とか取引先に贈る儀礼的なギフト交換は縮小傾向にあります。

百貨店での個人、法人を合計したギフト売上高は年間一七兆円で、二〇〇〇年代末から横ばい状態です。このうち中元・歳暮といったフォーマルギフトは近年減る傾向にありましたが、二〇〇八年の世界的な金融危機後のさらなる経費削減で、減少傾向がすっかり定着してしまいました。

むしろ、義理だけの贈り物ではなく、本当に贈りたい家族や友人だけに贈る風潮に変わってきているといいます。

そういった「儀礼」から解放されたいまの日本からみると、アメリカはなんて前近代的なことをやっているのだと思えてきます。

クールでドライだといわれる国民性でも、ことギフトになると長年の慣習を変えることはむずかしいようです。そのぶん、売り手側は、お客様である贈り手が、受け手が欲しそうなギフトを簡単に選んで贈れる仕組みをつくるのに知恵をしぼっています。

ネットや店舗は「ウィッシュリスト」というサービスを提供しています（日本でもアマゾ

ンが「ほしい物リスト」という名前で同じサービスを始めています)。

たとえば、結婚するカップルが、ネット上や小売店舗でウィッシュリストをつくり、そこに、自分たちが欲しい商品のリストを掲載し、プレゼントをくれる予定の人たちに、そのリストのなかから選んでほしいと依頼する。本当は現金がいいけど、どうしても品物を送りたいというのなら、このリストのなかから選んでね……というわけです。

なんだかプレゼントする気が失せてきませんか。でも、アマゾンは、それよりもっと巧妙なやり方を考えました。アマゾンサイトで友人にギフトを買ったとして、相手の友人はそのギフトが送られてくるまえに返品できるシステムです。もっとも、こういったシステムの特許を二〇一〇年にとったというだけで、いつどういったかたちで実行するかはわかっていません。

特許の内容から推測すると……アマゾンはギフトの受取人に品物を送る前に、

「誰々さんからこういった商品がギフトとして指定されました。あなたはこれを受け取りたいですか？　それとも、同等価格の他の商品に交換したいですか？　場合によっては、金額を足してより高いものを買うこともできますよ」

とメールで通知する。ギフトの受取人は、このサービスによって、返品する手間が省けます。アマゾンだって配送料金がかからないぶん得をします。

でも、特許はとってても実行しないのではないかという声もあります。アメリカでは疑似現金のギフトカードの利用が伸びていて、結果、クリスマス・ギフトの返品率が一〇年前の三八パーセントから一三パーセント（二〇〇九年）に下がっています。だから、アマゾンが考えているようなサービスはもはや必要ない、というわけです。

## 戦争よりはマシ

すでに書いたように、日本では儀礼的贈り物は減る傾向にありますが、反対に、個人同士のギフト交換は増える傾向にあります。

誕生日、母の日、父の日……ギフト交換の機会は年中行事としてもたくさんあります。パーソナルなギフトは、義理の贈り物とは違い、本当に心がこもったものであり、何を贈るか考えたりショッピングしたりすること自体が楽しい。

——などと今は思っていても、気をつけないといけません。

パーソナルなギフト交換でも、いつのまにか、他国のように、義務になってしまう可能性があります。そして、ギフトを贈ること自体が頭痛の種になってしまうかもしれません。なぜなら、贈り物の交換は、貸し借りの関係と同じで、常に、バランスがゼロになるよう清算されなければいけないという厳しいルールがあるからです。

古代社会においては、世界中のどの地域においても、贈り物をするということは、

「あなたとはもう戦うつもりはありません」

と宣言することでした。ですから、その贈り物を受け取らなかったり、あるいは、受け取ってもお返しをしなければ、

「そっちはそう思っていても、こっちはまだ戦うつもりだ」

と言っているのと同じことでした。

紀元前一三世紀にあったとされるトロイア戦争では、戦場で敵同士として出会った勇者たちが、互いに身に着けていた武具を交換することで戦うのをやめたという有名な逸話があります。

北欧神話やゲルマンの英雄伝説にもとづくという「エッダ」という歌謡詩にも「友人は互いに武器と衣装を贈り合わなくてはいけない」とか「互いに贈り物をしあう友人同士がいちばん長続きする」とか「贈り物には贈り物を返さなくてはいけない」といった文言が登場し

ます。

フランスの社会学者のマルセル・モースが一九二五年に書いた『贈与論』には、次のような一節があります。

古代社会においては、贈り物を交換することによって敵対関係を解消して暴力に訴える争いを防いだ。あるいは、贈り物を交換する方式によって、たとえばどちらが先に贈るかとか、同じ価値のものを贈りあうかどうかなどによって、互いの社会的地位の高低を確認した。そのように、贈与交換は人間の社会生活において重要な位置をしめていた。

はるか昔、中国の王朝は、一〇世紀に宋が建国されるまで、朝貢外交とよばれるギフト交換を周辺の国々としていました。

周辺国の君主が中国の皇帝に貢物を贈り、これに対して皇帝が各君主の統治権を認めるという交換形式になっていましたが、多くの場合、中国は、周辺国の貢物の数倍から数十倍の価値あるものを下賜していたといいます。

数字だけをみると、中国が損をしているように思えますが、周辺の異民族と敵対関係になって戦をしたり、国境を防衛するためにお金を使うよりは安上がりだという計算もあったといいます。

中国が世界の文化、政治の中心であるとする中華思想からすれば、周辺国は文化的にも経済的にもはるかに劣る野蛮な国です。そんな地域を支配下においても得るものなど何もない。ギフト交換の儀式を通じて政治的均衡を保ったほうがよいと考えたわけです。

### 贈り物の交換が平和を呼ぶ

平和を維持するための贈り物交換は物々交換につながり、ついで貨幣と物の交換、これが、結局は現代の経済活動につながっています。

そして、いまでも、貿易や経済交流が活発な国同士は戦争をしないとよくいわれます。「政冷経熱」という四文字熟語もつくられ、政治的には交流がなく冷たい関係でも経済分野での交流は活発にしなければいけない。それが平和につながると考えられています。

贈り物の場合は、売買取引とは違い、お金を払ったら取引完了とはいきません。贈り物を受け取る者は、なんらかのお返しをすることが期待されているし、義務でもあります。

贈り物への返礼をしなければいけないということは、現代社会においても常識です。返礼をしないということは、関係を続けることを拒否したことと同じです。昔のような暴力沙汰にはならなくても、互いに悪感情を抱き、敵対関係が生まれます。

ですから、パーソナルなギフト交換でも、深みにはまると、楽しいものがいつしか義務になってしまう可能性があるというわけです。

日本でも室町時代には贈り物の儀礼化が極端に進みました。

『贈与の歴史学』（桜井英治、中公新書）によると、京都に住む貴族や武士たちの間では、もらった贈り物を別の人への贈り物へ流用するのは当たり前。贈答品が多く集まる寺社は、贈答シーズンになるとオークションをして売りさばいたそうです。

贈り物は「折紙」と呼ばれる目録をつけて贈られるのが常だったのですが、品物ではなく現金を贈るようになると中身無しで「折紙」だけが先に贈られることも多くなります。折紙だけ先に贈って現金は後で、調達できたときに送るわけです。

室町時代も中期以降になると武士も貴族も金銭的に困窮し始めており、折紙が贈られてから一年たっても現金の受け渡しが実行されない例もあったといいます。そうなると、「折紙」が今の手形のような役割を果たすようになり、現金の到着を待たずに別の人に折紙だけが贈られたり売却されたりするようになります。

Aさんが B さんに「折紙」だけを贈り、Bさんはお金の到着を待たずに折紙だけCさんに贈った場合、Aさんは C さんに現金を渡さなければいけないことになります。

こんな例をみると、アマゾンの「もらう前に返す」やり方はドライだなんていえません。中世の日本人のほうがよほどドライです。

このように、贈り物の交換に対する人間の考え方には、古今東西、時空を超えて世界中で共通している点があることがわかります。

第一章で指摘した「同じ釜の飯を食えば家族」――という考え方も、国や文化が異なっても共通している考え方です。私たちは、表面的にはいろいろ違ったところはあっても、本質的なところでは似ている点がたくさんあるのです。

# 第三章　ジェラシーこそ人類皆平等の源泉〜男が女を妬むとき

## 「女の敵は女」

第二章の冒頭でも少し触れましたが、私は大学を卒業してすぐにアメリカに行き、二年間ほど大学の経理部門で働きました。その後、帰国して、化粧品会社に就職しました。化粧品会社で働こうと思ったのには理由があります。

アメリカで働いた経験があるといっても、日常英語が話せるぐらいで、大学ではドイツ文学を専攻していてビジネスに必要な知識もない。そんな私でもある程度の仕事を任せてくれる会社はどういった会社だろうかと考えたのです。

当時のほとんどの日本企業は、女性を戦力にしようなどという考え方は持っていませんでしたが、化粧品会社は事情が違うだろうと思いました。なんといっても、お客様のほとんどは女性客なのです。

お客様を理解するために女性社員の意見やアイデアを必要とするはず。たとえ、上級管理職は男性であっても、課長・部長クラスの女性だって必要だろうと考えたのです。

私の就活戦略は、化粧品会社で、かつ、私の唯一のウリである英語を必要とする外資系化粧品の人事部に、自分を売り込む手紙を送ることでした。

二年間米国で働いた経験は、いまでこそ、それほど珍しいことではないかもしれませんが、当時は、それなりに価値があるとみなされたようです。

それと、「ドイツ文学専攻」の学歴ではビジネス社会でやっていくことはむずかしいと思い、経営や経済の知識を学ぶためのMBAコースにすでに通い始めていました。まだ卒業はしていませんでしたが、一年以内には修了予定、ということを肯定的に考慮してくれたのかもしれません。

いくつかの外資系化粧品会社で面接試験を受けることができ、そのなかで、たまたま、PRマネジャーを探している会社に採用されることになりました。

入ってみて、まず、驚いたのですが、まさに言葉どおりの「女性の園」でした。

社長、役員、部長クラスのほとんどは男性でしたが、課長やスーパーバイザークラスになると女性が大半。店舗との交渉にあたる営業部には男性がたくさんいましたが、営業部員は外に出ていることが多く、オフィス内で仕事で話す相手は女性ばかりでした。

私は、入社後すぐに一ヵ月間、アメリカにある本社でのトレーニングを受けるために、ニューヨークに行くことになりました。女性が本社でトレーニングを受けるのは、私が初めての例だと男性上司にいわれました。

当然のことながら、私は、会社で長年働いてきた女性の課長やスーパーバイザーに妬まれるわけです。

一ヵ月のトレーニング後、帰国して本格的に働き始めると、まわりの女性たちから直接、嫌味を言われたり批判されることが多々ありました。

たしかに、私がしたことというか、私が置かれた状況は、嫉妬されて当然でした。

もし、私がこの会社で数年働いていた社員の立場だったとしたら、

「入社したばかりの若い女が、自分たちをさしおいてニューヨーク本社に一ヵ月も行ってくるなんて」

と、自分だって嫉妬するだろうと想像できました。

ですから、あまり気にしませんでした。少なくとも、TVドラマに出てくるような陰湿ないじめを受けたこともなく、直接言われた嫌味も批判も、若くて生意気でまわりとの協調性がなかった私の言動が原因で、あとで考えてみると、的を射ていたコメントばかりでした。

何もできないくせに思い上がっていた当時は聞く耳をもっていませんでしたが、その後、経験を重ねることによって、指摘されたことはすべて自分の欠点であったことに気づきました。いまでは、直接私に言ってくれたことに感謝するくらいです。本当に。

## 女の敵は女の上司

さて、同性の社員からの反感を買うだろうとは予測していたのでそれほど驚きはしませんでした。が、私が同性から感じた反感や敵意で一番驚いたタイプのものは、自分の同僚にあたる同性社員とか自分より格下の同性社員からのものではありません。私よりも組織の階層では上になる女性で、私と同じように会社から特別扱いされた女性が私にみせた敵愾心《てきがいしん》だったのです。これにはちょっと唖然としました。

その女性は、私より半年くらい遅れて入社してきました。化粧品の店舗での販売促進を担当する女性コンサルタントを束ねる部の部長です。部長ですから、ＰＲマネジャーの私よりは、役職的には上になります。結婚して一〇年間くらい働いていなかったのですが、離婚したために、再就職したというウワサが入社前から流れていました。

この女性も、私に次いで、トレーニングのためにアメリカの本社に送られると聞いたときから、私のほうは、なんとなく親近感を持ちました。

離婚したために、そして子供を養っていく必要もあったために再就職を決めたということに対して、同情もあったのかもしれません。

「女性同士、団結してやっていこう！」

なんて、軽いノリで一人で勝手に盛り上がっていたのだと思います。

今でもはっきり覚えていますが、最初に自己紹介したときに、

「いろいろ慣れないこともあると思いますけど、わからないことがあったら何でもおっしゃってください」

と言ったら、

「結婚しているときも、化粧品とある程度関係があることをしていましたから、わからないことなどありません。ご心配いただくことなどありませんから」

ときっぱりはねつけられたのでした。

後から考えると、向こうにしてみたら、自分より格下のマネジャーごときに同情され、「いっしょにやっていきましょうね！」

なんて言われたことにプライドを傷つけられたのかもしれません。

私と彼女とは部署が違うので、上司と部下の関係ではありません。でも、自分は部長、あなたはマネジャーだという階層の違いを、ここで、はっきりさせておかないとなめられると思ったのかもしれません。

いや、もっと単純に、一〇歳くらい年下の同性社員から同等に取り扱われたことが気に入らなかったのかもしれません。

こういった当時の推測すべてが当たっているわけではなかったのですが、いずれにしても、私としては予想外の反応でした。女性なら誰もが受け入れてくれると思っていた、「いっしょに団結して男社会で頑張ってやっていきましょうね！」というエールは、女性の誰もが受け入れてくれるものではないと気づかされた瞬間だったのです。女性同士の連帯感は女性だからといってすぐに生まれるものではないことを、初めて体験したわけです。

欧米では、女性管理職の同性の部下に対する行動や対応を「女王蜂症候群」と呼んでいると知ったのは、それからずっと後のことです。

企業で成功を収めた女性が若い女性社員の昇進を妨げ、彼女たちに厳しい態度をとる傾向が強いと指摘するいくつかの研究があり、この「女王蜂症候群」という言葉はそういった研究で常に引用されてきました。

## 女王蜂とシンデレラ

一九七〇年代に「女王蜂症候群」という言葉が使われるようになったのは、七四年にアメリカの心理学ジャーナルに発表された論文の内容にもとづいています。

この論文は、もともとは、女性解放運動が職場に及ぼした影響と昇進率を調査したものですが、そのなかで、男性優位の職場で成功した女性は、ときに他の女性の出世を快く思わない傾向がある、としています。

その主な理由として、男性に支配された職場では、女性がトップの地位に就くことはほとんどなく、それを達成した数少ない女性が、その権力の維持に取りつかれてしまうためだというのが、「女王蜂症候群」の主張でした。

その後、英国の社会心理学のジャーナルにおいても、オランダやイタリアの調査にもとづいて、組織において上級レベルの地位にある女性は、自分の部下が女性だと、より批判的に見る傾向が強く、その結果として、女性の地位が上がっていかない。つまり、女性同士が互いを仕事上のライバルだとみなす傾向が強いことが、女性の昇進につながっていかないという結論を出しています。

女性の組織内での昇進を妨げる、見えないが打ち破れない障壁があることを象徴して「ガラスの天井」という言葉が使われます。

この「ガラスの天井」は、実は、女性同士の足の引っ張り合いが原因でつくられているのだということになります。

「シンデレラ・コンプレックス」という言葉もよく使われます。

米国の女流作家コレット・ダウリングが一九八一年に出版した本で使った言葉で、女性のなかにある、独り立ちすることへの恐れ、誰かに（多くの場合男性に）面倒をみてもらいたいという潜在的欲望だと説明されました。

つまり、女性は、おとぎ話のシンデレラのように素敵な王子さまにいまの境遇から助け出されることを期待して待っている……というわけです。

このシンデレラのおとぎ話にもとづいて、醜い姉たちが、成功する潜在性をもっている美しくて若い妹を卑劣な手段で引きずりおろそうとする行動原理を、「シンデレラ・コンプレックス」という言葉で説明する研究も発表されました。

つまり、女性たちが、たった一人しか獲得できないトップの座（この場合はプリンセスの座）をめぐって互いに足の引っ張り合いをするというのです。

こういった欧米での研究成果はいまでも通用するようです。

たとえば、米国経営者協会が二〇一一年に行った一〇〇〇人の働く女性を対象とした調査では、職場で別の女性によって心が傷つけられたと感じている女性が九五パーセントにのぼっています。

職場でのいじめを考える団体の二〇一〇年の調査によると、女性の加害者が敵意を向ける相手の八〇パーセントは女性です。これとは対照的に、男性加害者は概して男女平等にいじめていると報告されています。

こういった数字をみて、

「日本と同じなんだ！」

と感じる女性が多いのではないでしょうか（ひょっとして男性も）。女性の社会進出が日本より進んでいるとされる欧米でも、日本と状況は変わらないということに驚く人も多いと思います。

## 上司はやっぱり男性がよい

二〇一三年の総務省の調査では、女性の労働力人口は二八〇四万人で二〇一二年より三八万人増加。とはいうものの、女性管理職の比率は一一・一パーセント。他の国よりかなり低い数字であることを意識して、政府は二〇二〇年までに女性管理職比率を三〇パーセント程度にするという目標をかかげています。

でも、数値目標の実現だけを重視するやり方に対しては、男性だけでなく女性からもとまどいや批判が出ています。

日本経済新聞社が二〇一五年六月に行ったネット調査によると、

「上司に選ぶなら男性がよい」

と考えている人は、男性に限らず女性にも多いことがわかっています。

男性の上司がよいと答えた男性が三九パーセント、女性でも三五パーセントでした。女性の上司がよいという回答は、男女ともに一〇パーセントに届きませんでした。

こういった傾向は日本に限りません。

英国のタブロイド紙「デイリー・メール」の記事によると、女性管理職の多くが、女性従業員が男性の上司の下で働くほうが格が高いと考え、女性上司の下で働くことは格下だと考えていると苦情を言っているそうです。

また、女性の上司が優しく接すると、女性の部下は勘違いして女友達のようになれなれしくしてくる。厳しく叱りつければ、威張っていると思われる。男性の上司だったらそんな風には思わないだろうに……と嘆いているとも書いています。

## 女性部下は女性上司をナメる

女性上司の下で働く女性の部下も同じように困っているようです。

一八〇〇人近い米国女性従業員を対象としたトロント大学の二〇〇八年の調査では、女性上司の下で働いている女性は、肉体的・精神的ストレスからくる症状を、男性上司の下で働いている女性より多く抱えているという調査結果を発表しています。

同性同士の連帯感が部下の甘えを生むこともあるのでしょうか。

女性の部下は女性上司に対して、男性上司に対するときほどの敬意や忠誠心を示さないようです。

それどころか、アメリカの大学の研究では、自分の気持ちに共感を示してくれない女性上司に対して、批判的になりやすいことがわかっています。男性上司だったら当然だと思うようなそっけない応対が、女性だと冷たく感じられるということでしょう。

日本でも欧米先進国でも、会社という組織は長い間、男社会でありました。そして、家庭

において は、男女の役割が伝統的にきまっていたものです。男は外で働き、女は家庭を守る。こういった二つの要素が、いまだに、組織における男性と女性の役割を決めているのだという説もあります。

つまり、女性上司はある意味、職場で母親の役割を演じることが期待される一方で、男性上司にはそういった感情的な期待はない。

職場が家族だとしたら、母親である女性上司は家族全員、つまり部下全員の感情の動きを敏感に感じ取る能力を期待されているが、男性上司にはそれが期待されていない……というわけです。

## 成功と好感度の相関

とはいえ、私は男性上司がそういった能力を持つ必要がないと言っているわけではありません。調査では、そういった能力を持っている男性上司に対する部下の満足度は、共感性のない男性上司に対するものより高いことが明らかになっています。

こういった研究結果は何を教えてくれるのでしょうか？

世界中のどの文化においても、男性はこうあるべきで、女性はこうあるべきである、というイメージや理想像は共通しています。そして、長い歴史の積み重ねでつくられたイメージや固定観念から脱却することは、非常にむずかしい。

女性の社会進出が進んだといっても、たかだか戦後数十年の歴史です。だから、先進国でも、いまだに、家庭外における男女の役割とか理想像が描ききれていないのです。

つまり、組織における男社会があまりに長くつづいたために、男女ともに、まだ女性の上司の理想像と伝統的家庭での女性の理想像とがいっしょになってしまっている。簡単にいえば、「女性の上司」という存在に社会全体がまだ慣れていない、ということでしょう。

「Facebook」のCOO（最高執行責任者）に二〇〇八年、就任したシェリル・サンドバーグは、「女の敵は女」というテーマに関して、

「成功と好かれることとは男性の場合、相関関係にあるが、女性の場合は負の相関にある」

と語っています。

男性の場合、成功すればするほどまわりからの好感度はより高くなる。だが、女性の場合は成功するほど好感度が下がるというわけです。

社会で成功するということは、家庭内でつくられた女性の理想像からは遠くなるということなのでしょう。

## 女が男目線になるとき

ここまでみてきたように、いくつかの研究調査から、多くの先進国において、女性の敵は女性だということが証明されているようです。

でも、その根本的原因は、会社という組織が長い間「男社会」であったこと、また、家庭における男女の伝統的役割が固定観念として残っていることにあるようです。

それが、会社で働く男性や女性の考え方を束縛するのです。

たとえば、一〇年くらい前によく言われるようになった「女は元気だけど男は……」という言葉を思い出してみてください。大学でも「男子学生は覇気がない。でも女子学生は成績も良いしやる気もある」、会社でも「女性社員は元気でアイデアをどんどん出してくる」といったコメントがよく聞かれました。

元気のある女性と元気のない男性をつくったのは、長年つづいた男社会と家庭における伝統的男性の役割です。男性は働いて家族を養う。それだけでも責任をドーンと感じるのに、世は低成長時代。そのうえ、日本には中途採用の企業が少なく雇用の流動性がありません。この会社で一生働かなくてはいけないと思ったら、上司や同僚ともめないように気をつける。自由な気分では働けない。かたや、女性にはそれほどの圧迫感はありません。とくに若い女性は、結婚したら仕事をやめてもよいという選択肢があります。

失敗できない男性社員は長時間働き休暇もとらない。仕事以外のことを経験する機会も少ない。かたや、女性社員は海外旅行、映画、観劇、その他イベントに趣味。もろもろの経験を楽しんでいるのですから、男性社員よりもアイデアがわくのは当然です。

女性従業員や女性役員をふやすといっても、これまでの男社会のやり方そのものが変わらなければ、女性を積極的に登用するメリットはなくなることでしょう。多様性をとりいれることで、働き方そのものが変わっていかなくてはいけないわけですが、でも、それは簡単なことではありません。

ですから、伝統的男社会の会社で働いている女性は、今の状況では、やっぱり、男の視線や観点で同僚や部下の女性を見てしまうのです。

たとえば、「女の敵は女」で書いたように、女性指導者が後輩にあたる女性を蹴落とそうとする理由は、こう説明されていました。

「女性の管理職という役職数が限られていること、そのため、いったん、その地位を得た女性は、それを固守するためにライバルになりそうな女性社員を蹴落とそうとする」

## 男が容姿に注目する背景

しかしながら、実をいいますと、私は、この説明には納得できません。

研究調査結果だけを読むと、女性指導者がクールに論理的に計算して、自分より格下の女性が出世の階段を上ってくるのを蹴落とそうと策略を練っているように思えますが、実態は、もっと感情的なものだと思います。

妬みとか嫉妬心が存在します。

組織において、数少ない女性リーダーは、その数少ない地位を渡したくないために足を引っ張る。たしかに、そうかもしれませんが、そこには、男性が自分のライバルをどう見るかといった、男性の観点が強く意識されています。

なぜなら、男社会の組織において、人事権を握っているのは男性管理職であることが多い。だから、男性が、その女性社員をどうみるかによって、その女性が自分のライバルとみなされるかどうかが決まってくるのです。

そして、男性は女性をみれば、まず、仕事に関する能力よりも外見をみます。若いかどうか、容姿がよいかどうかです。そういう男の習性を、

「やっぱり、男はね……」

と批判しては、ちょっとかわいそうです。

男性がビジュアルの刺激に敏感なのは、男性が長い歴史を通じて、女性を「見た目」で判断してきたために、それが習慣になってしまっているという背景があります。女性が長い間、そしていまでも、男性をその経済力や社会的地位で判断してきたのと、いってみれば同じことなのです。

いずれにしても、女性社員が入社してくれば、男性は、女性の仕事における能力よりも、見た目に注目します。現実として。

もし、そこに長いこと働いてきたベテランの女性社員の課長や部長レベルの人がいたとします。

彼女たちが、男性の観点から新人女性社員をみるのは、当然の成り行きでしょう。そして、男性の観点からみれば、新しい女性社員は、自分よりも若い。

とはいえ、ここで、容姿的には自分のほうがよいと思えるならば、ちょっと安心です。

「よし、勝った」

と思うかもしれません。

が、若くて自分よりも魅力的だったら、少し不安になります。

そして、男性社員が若くて魅力的な女性社員に優しく接したりすれば、不公平だと思うし、嫉妬心を感じたりするかもしれません。

## 「男の敵は男」にもなる

私は、女性指導者のなかに、自分の地位を守りたい気持ちが、男性指導者よりも強くあるなどとは思いません。もちろん、男性女性問わず、誰でも自分の地位を維持したいと思うのは当然のことでしょう。

ただ、男性指導者は男性の新入社員がきても、自分のほうが能力があると自信を持っている場合は、鷹揚な気持ちで接することができます。兄とか父親の気持ちで、教えてあげることもできるでしょう。

その点、女性指導者には複雑な思いがあります。新人女性社員と比べて、自分の能力や地位が、誰がみても大きなギャップがある場合は、姉や母親のような優しい気持ちで世話をやき、教えてあげることができます。

でも、二人の差がそれほどない場合はどうでしょうか。まわりの大多数の男性社員や男性指導者が、女性を能力ではなく見た目で判断することを知っていたら、自分の仕事のポジションが、年齢とか容姿の違いだけで、新人女性にとって代わられる可能性がある——。

そう考えたら不安になることでしょう。妬みもする。教えてあげようなんて優しい気持ちにはなれないでしょう。

反対に会社組織が女社会だったらどうでしょうか？

たとえば、三〇〇人の従業員のうちの大半が女性で、五〇人ばかりの男性。ほとんどの管理職が女性で、男性は課長レベルが数人。

こういった「女社会」で働く男性は、きっと、「男の敵は男」だと思い、男性上司を批判的にみるようになると、私は思っています。

## 似た者への嫉妬

英国の哲学者デイヴィッド・ヒュームは、一七三九年に出版した『人間本性論』（法政大学出版局）のなかで、次のように語っています。

「嫉妬を生むものは、自他のあいだの大きな不均衡ではなく、むしろ近似である」

人間は、自分と能力や社会的身分、境遇などに大きな差がある人に対して嫉妬を感じることは、あまりありません。自分と似た境遇、自分と同じような能力をもった人が、自分よりも幸せな境遇にあったり、自分より出世すると、嫉妬心がムラムラっと起こるのです。

高校の同窓会に出席し、自分がまだ課長なのに、もう役員になった同級生に会うと落ち込んだ気分になりませんか？

同じ職場で、自分と同期の同僚が、しかも、自分の目からみて能力的にはそれほど変わらないと思っている人間が、今度、部長になるという人事情報を聞いたとき、

「あいつは上の人間に取り入るのが上手だから昇進するんだ。不公平だ」

と、妬んだ気持ちになってしまったことはありませんか？

人間は、いつも他人と自分を比較します。そして、自分と似た境遇にある人間が自分より幸せそうだと嫉妬します。

それが人間の本性なのです。

だから、職場でも、女の敵は女になり、男の敵は男になるのです。そして、階層的には同じレベルくらいの者に対して妬みを感じることはあっても、三つ以上離れたレベルの人を妬むことは、まずありません。女性でも、管理職レベルになると、一般的な女性社員には寛容になり、先輩としてアドバイスを提供したり、昇進を助けようとするものです。

私自身、外資系化粧品会社でPRマネジャーとして採用され、ニューヨーク本社に訓練を受けにいけるように、日本の支社長を説得してくれたのは、アメリカ本社の女性マーケティング担当副社長でした。

彼女は、男性のPRマネジャーを採用しようとしていた日本の支社長やマーケティング部長を説得し、本社に招待してくれたのです。きっと、日本の会社で性差別を受けている日本女性を、同じ女性として手助けしてあげようと考えたのだと思います。

会社における地位のギャップが一定以上大きくなると、それだけ寛容な気持ちになれるのです。反対に、

「女同士連帯しましょう」

という私のエールを断った女性部長は、自分と私との差がそれほど大きくない。だから、女の敵は女という心理になったのだと思います。

## 「妬み」が民主主義の源

イギリスの哲学者、バートランド・ラッセルは、

「妬みは民主主義の基本だ」

と言い、さらにこう付け加えています。

「妬みは民主主義を実現させるための推進力であり、(妬みそれ自体は、あまり良い感情とはいえないが)、より公正な社会システムを達成するためには、我慢しなくてはいけない感情なのだ」

妬みという感情は、いつごろ生まれるようになったのでしょう？

たとえば、恐怖の感情は、人間に最初に生まれた感情だといわれます。恐れる気持ちがなかったら、自分を食べようとして襲ってくる猛獣から逃げよう、という行動はとれません。恐れの気持ちがなかったら、落雷して燃え盛る炎の森のなかにも、平気で入っていってしまいます。

脳は、自分の所有者が、なるべく長い間生存できるように、まず、最初に恐怖という感情をつくって、危険から身を守るようにしたのだといわれます。

妬みという感情は、恐怖のような生存するために必要な感情ではありません。ずっと後になって、人間が群れをつくって社会生活を営むようになってから生まれました。

私たち人類の遠い祖先が群れをつくったのは、自分の生存率を高めるためです。群れをつくっていれば(たとえば、いまでも、シマウマのような弱い動物が百獣の王のライオンから身を守るためにグループで行動するように)、猛獣などに襲われるリスクが低くなります。

また、狩りをするにしても、グループで協力して立ち向かったほうが、大きな動物をしとめられる確率が高くなります。

しかし、群れにおける生活は、気ままな独り暮らしとは異なります。

狩りの獲物の配分をめぐってケンカをするということは、遠い祖先の時代では、死ぬまで戦うことを意味します。でも、力の強い者がいつも勝者になっていては、グループでの協力体制は生まれません。

そんなわけで、腕力の強い者がなんでも独り占めすることに、他のメンバーは「妬み」という感情で戦うことができるようになったのです。群れの他のメンバーから妬まれ、無視され、のけ者にされる。

いくら力の強い者でも、群れから追い出されて一人になったら、猛獣のウヨウヨするサバンナでは生きてはいけません。だから、妬まれないように、たとえ、大きな動物をしとめるのに自分がかなり貢献したと思っても、公平に獲物を分配することに反対はしないようになるのです。

つまり、「妬み」という感情が生まれたことによって、群れを成すグループにおける公平さが維持されるようになったわけです。

**サルは妬んで終わり**

妬みの感情は、群れをつくって生きている、つまり社会的動物といわれる他の霊長類にもよく見られます。

サルを観察研究している科学者が、グループのサル全員にきゅうりを渡します。サルたちは平等に餌を与えられたことに満足し、きゅうりをおいしそうに食べています。ここで、一匹だけに違う食べ物、たとえばぶどうを与えます。

それを見たほかのサルたちは、それまで満足そうに食べていたきゅうりを食べるのをやめてしまいます。

公平に取り扱われなかったことに怒りを感じるのでしょうか。なかには、自分が食べていたきゅうりを研究者に投げつけるサルもいたといいます。

さてここでは、サルが妬みを感じていたとしても、この感情が群れのメンバー間の公正さや公平さを推進する原因になっているようには思えません。

「なんであいつだけが自分たちと違う物を食べているんだ（与えられるんだ）」

と感じているからこそ、

「俺にも同じものを渡せ」

と言わんばかりに食べるのをやめ、あるいはそれまで食べていた物を供給者に投げつける――。集団生活での協調性どころか、イライラ発散だけで終わってしまうかもしれません。

しかし、人間は、二〇〇万年前に、他の霊長類に比べて論理的思考ができる脳の部位が大きく成長し始めたからこそ人間になりました。二〇〇万年前に、そういった脳の変異が起こったのは、肉を食べるようになって、タンパク質を多く摂取するようになったからだといわれます。そして、五〇万年前に組織的に狩りをするようになって、人間の脳は、同じ身体の大きさの哺乳類の脳の九倍の大きさになりました。

そうして、知力を獲得したのです。

その知力のおかげで、人間は、妬みという感情を利用して、社会における公平さを実現することに成功したのです。

## 「女の敵は男も女も」の時代へ

日本では、一九八五年に、「男女雇用機会均等法」が制定されました。

職場における男女の差別を禁止し、採用・昇給・昇進、定年・退職・解雇などにおいて、男女とも平等に扱うことを定めたこの法律は、翌年から施行されることになりました。

もちろん、法律ができたからといって、雇用における男女均等がすぐに進むわけではなく、つい最近になって、少子化で人手不足が危惧されるなか、女性にも積極的に働いてもらわなくてはいけないという風潮になるまでは、遅々として進まない現実が三〇年近く続いていたのです。

さらには、女性の会社での役割を進化させようという試みに対しては、少子化問題だけでなく、日本の女性の社会的地位が先進国のなかどころか新興国と比べても低い。改善を促す外圧もあります。部長・課長のなかで女性の占める割合、役員における女性の占める割合、どれをとっても、あまりに数字が低い。

この数字を上げるために、企業における女性管理職比率の目標値まで設定されるようになりました。

アメリカでは、一九六三年に、同じ仕事をする男女を性別で賃金差別することを禁止する法律ができています。続いて一九六四年には、人種や性別などによる雇用差別を禁止する法律ができました。日本で男女雇用機会均等法ができる約二〇年前のことです。

三〇年間で職場での「男女平等」が当たり前になってきたアメリカ社会だからでしょうか、八〇年代末から九〇年代にかけて、私はアメリカの会社を訪問する機会が何度もあったのですが、そこで日本人としては驚かされる場面によく遭遇しました。

男性が女性を仕事上のライバルとみなし、自分の昇進、昇給をめぐって争わなくてはいけない敵とみなしていたことです。

ミスをした同僚が女性であっても容赦なく批判し、陰で足を引っ張ろうとする。そういった状況を目の当たりにしました。

一方で日本はどうか？

いくら「男女平等」を謳う法律ができたといっても、まだ男性社員が女性社員を見る目には余裕があったし、今でもその風潮は残っているのではないでしょうか。

つまり、日本の男性たちは、おおよそが「女性は真剣に戦う必要がない相手」と見ており、自分の地位を脅かすことはないのだと当然のように思っているわけです。

最近になって、女性管理職の割合目標が数字で出されるようになり、職場における多様性が促進されるようになったことで、女性だから部長になれた、女性だから役員になれた……という、いわゆる「女性枠」が、とくに大企業では設けられるようになりました。その結果、女性だから役員になれたんだよな、と嘆く男性社員の声も聞かれるようになってきたのです。

この段階でも、男性にはまだ余裕があります。

女性枠にはおおよそ、一人とか二人とかの上限があるし、枠をつけるということは、まだまだ、女性を特別扱いしているだけで、その時点で「男女平等」というわけではないのですから。

本当の意味で男女平等になったとき、男女の性差別は消え、女は男に対してでも、哲学者ヒュームがいうところの「近似」と思い、敵意をもやすようになる。男も、女を自分に近似していると思い、妬みを膨らませるようになるはず。

そうなったときが、本当の男女平等が実現したということになるのでしょう。

# 第四章　日本企業は嫌がらせ天国〜意地悪が協力を生む不思議

## 女性が女性にするマタハラ

セクハラ、パワハラ、マタハラは、職場における三大ハラスメントといわれます。

セクハラ（セクシュアル・ハラスメント）は女性が男性から、パワハラ（パワー・ハラスメント）は部下が上司から受ける被害が圧倒的に多い。

そして、マタハラ（マタニティ・ハラスメント）は、女性が男性の上司から被害を受けるものと思い込んでいる人がいるかもしれません。が、意外にも、女性の同僚や上司から受ける被害もけっこう多いのです。

妊娠とか出産の経験のない男性が、妊婦や母親になった社員に嫌がらせをするのはまだ理解できるとしても、同じ女性からハラスメントを受けることは、ショックも大きく、より強く心を傷つける結果となっているようです。

連合非正規労働センターが二〇一四年にマタハラに関する意識調査を行っており、その報告書では、マタニティ・ハラスメントは次のように定義されています。

「働く女性が妊娠・出産を理由とした解雇・雇止めをされることや、妊娠・出産にあたって職場で受ける精神的・肉体的なハラスメント」

この調査では、働きながら妊娠した女性のうちの二六・三パーセント、つまり四人に一人がマタハラを経験していました。

具体的には、

「妊娠中や産休明けなどに、心無い言葉を言われた」

がトップで、次いで、

「妊娠を相談できる職場文化がなかった」

「妊娠・出産がきっかけで、解雇や契約打切り、自主退職への誘導等をされた」

「妊娠中・産休明けなどに、残業や重労働などを強いられた」

などが続いています。

妊娠・出産を理由に解雇や自主退職への誘導をされた場合や、妊娠中や産休明けに残業や重労働を強いられるといった場合は、たてまえ的には、法律を根拠に会社と交渉することはできます。

とはいいながら、ほとんどの場合、ハラスメントをされたほうは泣き寝入りで終わっているのが実態でしょう。

それでも、闘おうと思えば闘える。

でも、妊娠中や産休明けなどに、上司や同僚から心無い言葉を言われたり、嫌がらせを受けた場合、言った言わないとか、そういうつもりで言ったわけではないといった水掛け論になりやすく、効果的な対処の方法が見つからないのが実情です。

とくに、そういった嫌味を言う上司や同僚が同性の女性だった場合は、ショックで返す言葉を失ってしまい、闘う気力さえなくなります。

「妊娠・出産といった体験に無知な男性から何か言われても、何も知らないくせにと、たとえ言い返せなくても無視できる。出産や子育てを経験した先輩女性から『私たちのころは育児休業なんてなしで働いてきた』とか言われるほうが、よほどつらい」

このような同性からの嫌味な一言は、グサッと胸に突き刺さってきます。

また、子育てしながら働いているワーキングマザー同士でも、育児環境はさまざまです。同居したり、近くに住んでいる夫婦どちらかの親が赤ん坊の面倒をみてくれる人。ご主人が自由な勤務スタイルで家にいることも多く、育児を分担してくれる人。そんな好条件の人もいれば、育児に理解のない夫で、しかも営業の仕事で毎晩遅く帰宅する人もいます。

「あなたのうちはいいわね。お母さんに面倒をみてもらえるんだから。私は保育園に預けながら働いているのよ。（なのに、あなたは、なにかというと早退するわね）」

と妬みを込めて皮肉られたら、どう反応してよいのかわからないことでしょう。

## 女の敵はやっぱり女？

マタハラ被害者が中心になって活動している「マタニティハラスメント対策ネットワーク（マタハラＮｅｔ）」が、二〇一五年に、ネット調査にもとづいて「マタハラ白書」を発表しています。

それによると、マタハラ加害者として最も多いのは直属の男性上司で三〇・一パーセント。それに、男性の経営層を入れると、男性が加害者である例が四〇パーセントを超えます。ですが、加害者が女性である割合も高く、直属の女性上司からのマタハラを受けたのが一二・五パーセント、女性の同僚からが一〇・三パーセントと報告されています。

「時短勤務をしていたら、同じワーキングマザーでフルタイムで働いている同僚に、『サラリーマンは会社にいるのも仕事でしょ』と言われた」

とか、

「女性上司から、『私は育児休業をとらなかったけど……』と言われたとき、私にできたのにあなたにはどうしてできないのと非難されたような気がした」

など。

言った本人は軽い嫌味のつもりでも、言われたほうにはグサッとくる。

「こんなことなら、産まないほうがよかったかも」

と、祝いごとであるはずの妊娠・出産について、罪悪感すら感じるようになってしまう。

とはいえ、立場を変えれば、つい冷たい言動をとってしまいたくなる女性の同僚や上司の気持ちもわかります。

二〇〇三年に「次世代育成支援対策推進法」が施行されました。

これは、育休の取得率や、短時間勤務の利用者数などの目標設定を、企業に求めたものです。この法律をきっかけに、育休をとる女性が大幅に増加しました。いまでは、出産して育休をとる女性は八〇パーセントにのぼっています。

結果、職場は人手不足になる。

だからといって、さらに人を雇う余裕がある企業はまれです。また、産休明けにその女性社員が職場に戻ってくることがわかっていながら欠員を埋めることは、無駄も多く、効率的ともいえません。

ということは、他の社員が、余分に仕事をしなくてはいけないことになるのです。つまり、育児休業をとっている同僚の代わりに自分が残業をする、あるいは残業手当も出ないのに、毎日夜遅くまで働かなくてはいけない上司がでてくるわけです。

それでも、

「ご迷惑をかけてすみません。みなさんのおかげです」

と、休んだ女性が感謝してくれるならともかくも、育休をとっている相手がそれなりの感謝の気持ちを言葉にしたり態度で表現しない場合には、つい、嫌味も言いたくなることでしょう。

「妊娠したら当然であるかのように特別扱いすることを要求する人は理解できません」

「女性であることを利用して権利ばかりを主張するのは、同じ女性として恥ずかしい」

といった意見も、マタハラＮｅｔには寄せられています。

## 総論賛成、各論反対

「ワーキングマザーは制度で優遇されているのに、それをカバーする私たちは損をしている」

育休をとる人の不在によって引き起こされるであろう、仕事の遅れや穴埋めを補完する同僚たちは、そう考えているのです。

出産・育児への支援制度は拡充される一方、まわりの社員への対応は十分ではない。同僚たちだって、少子化がもたらす将来への不安の問題はわかっています。だから、より多くの女性が、経済的にもキャリア的にも安心して子供を産み育てる社会でなくてはいけないと、心ではわかっているのです。

でも、職場において、独身だからという理由で、あるいは小さな子供がいないからという理由で、自分たちが不公平に取り扱われているのではないか……、そうした不満を感じているのです。

公平、不公平の感情は、親しい、または身近な人間関係のなかで出てくるものです。自分と自分が知っている身近な人間、たとえば、同僚とかに比べて自分が不公平に取り扱われていると思うから、妬みや怒りがわくのです。

東日本大震災が発生したあと、電力不足の不安が出てきたため、世の中全体が「節電しましょう」といった風潮になりました。とはいっても、きちんと節電する家庭もあれば「我関せず」と、震災前と同じように電気を消費している人もいました。

しかし、節電している人はしていない人に対して、

「懲罰するべきだ」

と感情的になったり、

「まわりがしていないのなら自分も節約する必要はない」

とはあまり思わないはず。

それは、自分には直接の利害関係が生じていないからです。

電気の節約も出産・育児の重要性も、誰もが賛成する総論です。が、そのために自分に直接の利害関係が出てくると、総論賛成、各論反対の現象が出てくるのです。

## 女性に優しくない会社へ

マタハラNetの設立にも貢献し労働問題に詳しい圷《あくつ》由美子弁護士は、

「産休や育休をとるときに、女性から心無い言葉をかけられるケースは多い。『自分にしわ寄せがくる』という同僚らの怒りの矛先は、本来対応を講ずべき主体である企業ではなく、休む本人に向きがち」

と産経新聞で語っています。

総論的にはよかれと思って推進してきた育休制度ですが、その結果として、社員同士の軋《あつ》轢《れき》が生まれ、会社全体の士気が落ちては困ります。そんなわけで、制度だけに依存するやり方を見直す企業も出てきました。

化粧品会社大手の「資生堂」は、国内だけで二万人の女性従業員をかかえる、自他ともに認める女性の多い会社です。

そのうち一万人は、ビューティーコンサルタント（BC）と呼ばれる、全国の店舗で美容に関する相談を受けながら化粧品を売る販売員です。

資生堂は一九九〇年度に育児休業制度を導入して以来、子供が三歳になるまで通算五年間の休職を認めるほか、短時間勤務制度などをフル活用すれば約一〇年間、フルタイム勤務をしなくても済む、といったように子育て支援の内容を拡充してきました。

法で定められた範囲を超す制度の採用や事業所内保育施設の導入により、

「女性に優しい会社」

であるという評価も定着しました。女性客が中核となる化粧品会社にふさわしいイメージが築かれたわけです。

ですが、二〇〇八年度に短時間勤務制度を小学校三年生まで延長したことで、制度の充実化には区切りをつけたそうです。ＢＣ出身の女性執行役員常務は、

「忙しい夕方、同僚に感謝の言葉もなく帰るなど育児中の優遇が既得権益化し、摩擦が生まれた」

と日本経済新聞で語っています。

育児中で短時間勤務のＢＣは午後五時ごろ帰宅します。デパートを含めた店舗では、夕方は一番忙しい時間帯です。他のＢＣが穴埋めに入らなければいけません。

二〇一四年には、ＢＣの短時間勤務制度利用者は一〇〇〇人を超え、ここ一〇年で約三倍に増加しています。

そして、そのほとんどが、夕方早く帰れる早番シフトにはいっているのです。独身者など、一部の社員だけに多忙な遅番が集中し、「このままでは回らない」と不満の声があがるようになったそうです。

職場への十分な配慮を欠く制度利用がみられるようになったことを考え、

「基本は自助努力。制度は自力で解決できないときに頼るもの」

と制度の目的を明確にし、それからは、上司が短時間勤務中の全ＢＣと面談をして、支障

のない範囲で遅番シフトに入るよう要請するようにしたそうです。

育児中の社員をいつのまにか蝕んでいた甘えの意識をなくしてもらい、働く女性としてのプロ意識をもってもらう。

もちろん、まわりの同僚にも、出産や育児をする同性への配慮や協力の意識をさらにもってもらう。誰もが、

「自分だけ損をしている」

と思わないような環境をつくることを目指しているそうです。

このような問題、つまり、支援制度を拡充することで、支援を享受できる社員とそうでない社員との間で軋轢が起こることは、女性の育休以外でも十分に起こり得ることです。

## イクメンへのパタハラ

少子化からくる人手不足を解消するために、政府は「女性が働き続けられる社会」の実現を推進しています。

出産後も女性が働き続けやすい社会をつくるためには、男性の育児参加が不可欠です。

が、職場におけるイクメンの普及度を教えてくれる男性の育児休業取得率は、いっこうに高

くなる様子がみえません。

先ほどご紹介したように、女性の育児休業取得率は八〇パーセントを超えています。が、男性の場合は二〇〇七年には一パーセント台になりましたが、その後六年たった二〇一三年でも二・〇〇パーセントと低いままです。(数字は厚生労働省の調査にもとづいています)

イクメンになりたいと希望している男性が少ないわけではありません。

育休制度を利用したいと思っている男性は三一・八パーセントもいます。にもかかわらず、実際には育休はとれない。

育休のとりやすさについての質問では、取得しやすいと答えた女性社員が七三・五パーセントであったのに、共働きの男性の場合は、わずか一二パーセントです。

育休を利用しない理由の第一位は、「職場が制度を取得しにくい雰囲気だった」(三〇・三パーセント)、次いで、「業務が繁忙であった」(二九・七パーセント)、「配偶者等、自分以外に育児をする人がいた」(二九・四パーセント)、四位が「職場や同僚に迷惑をかけると思った」(二五・一パーセント)。五位が「収入が減り、経済的に苦しくなると思った」(二二パーセント)、七位が「男性の制度利用に会社・職場の理解がない」(一五・三パーセント)、八位が「今後のキャリア形成に悪影響があると思った」(一〇・二パーセント)、九位が「休業前と同じ仕事への復職が困難と思った」（五・四パーセント）。

男性が育休をとれない理由の大半が、職場でのイクメンへの理解のなさにあることを示しています。

「なんで男のお前が休暇をとるんだ！」

という上司の無理解。

「オレたちは会社を優先して仕事に励んできたが、それでも子供は立派に育った」

などと文句を垂れる先輩。

こういった嫌味や叱責（パタハラ＝パタニティ・ハラスメント）は無視する。

キャリアに悪影響があっても仕方がないとあきらめる。

それでも、自分が休めば同僚に仕事のしわ寄せがいくことは確かです。

男女を問わず、育児休業や、あるいは最近多くなってきた介護休業を会社に申請する。法律で決められているから、あるいはそういった制度があるからと、会社は受理する。制度上では問題は発生しないはずです。

しかし、現実はそうはいかない。上司は欠員で空いた穴を、いまの体制のままで補わなくてはいけないし、同僚の社員には仕事のしわ寄せがやってくる。

それが長期になれば、

「休んでいるのに、お給料をもらっているなんて不公平だ」

と同僚が考えてしまうのは仕方がないことでしょう。

自分には子供がいない、介護する家族がいないとなれば、子育てや介護の大変さを具体的に想像するのはむずかしい。子供が欲しいのになかなか授からず悩んでいる女性だっているでしょう。そういう人にしてみれば、

「子供を授かる幸せを得ながら、そのうえ、長期に休んで、私とほとんど変わらない給料ももらえる。育児があるからと、いつも、夕方にさっさと退社する。こっちが緊急の仕事で忙しいことはわかっているのだから、そんなときぐらい、たまには、手伝ってもよいのではないか？」

同僚たちは、忙しさのなかでイライラっとしたときに、育休をとっている人たちのことを「フリーライダー」だとみなしてしまうのです。

## 「タダ乗り」問題

フリーライダーという言葉は、もともとは、経済学において公共財の理論でつかわれるよ

うになりました。

たとえば、環境は公共財です。地球をとりまく環境がきれいになることは、地球に住むすべての人間にとって良いことです。そのために、一九九七年に京都で開かれた地球温暖化問題をめぐる国際会議で、温暖化の原因物質とされる二酸化炭素の削減を先進国に義務づけた「京都議定書」が調印されました。地球の温暖化を防ぐための責任は先進国、途上国すべてにあるが、解決のための責任は先進国がまず負うという考え方です。

ですが、二酸化炭素の当時の最大排出国であった米国は、経済成長に支障があるからと、批准を拒否しました。また、同じく大量排出国であった中国や三位のインドは、「温暖化が進んだのは先進国のせいだ」と、自分たちには削減義務なし、と主張しました。

この三ヵ国の出す二酸化炭素は、世界の半分近くを占めています。

そのために、削減義務を負わないまま自由に経済活動をつづけていることに、他の国からは「フリーライダー」だと非難されました。その後、日本も、東日本大震災や原発事故を理由として、京都議定書の削減義務をこれ以上は負わないと主張し始めました。そういうことで、今や日本も「フリーライダー」だと途上国やヨーロッパから批判されています。

良い地球環境、きれいな空気は公共財です。

でも、こういったものは、利用者を選んだり制限したりすることはできません。だから、公共財を利用しているくせに、そのための費用や努力は負担しない利用者が出てきます。

こういった行為をフリーライド（タダ乗り）といい、こういった利用者をフリーライダーといいます。

## 育休は「タダ乗り」か？

フリーライダーという言葉は、一般社会の状況においては、経済学ほど厳密ではなく、もう少し自由に解釈して使われます。

集団でメンバー全員が協力し合う、つまり努力や経費を負担することによって得られる利得を、そういった努力とか経費の負担を負わないで、結果としての利得だけを享受する人をフリーライダーと考えます。

そういった例はたくさんあります。

たとえば、労働組合に加入していない、だから組合費とか支払っていないないし活動にも参加していない。が、労働組合が会社との交渉で勝ち取った昇給率や、福利厚生の恩恵は受けている。

あるいは、国民皆保険の考え方は、全国民が何らかの医療保険に加入し、保険料を払うことで、互いの医療費を支え合う仕組みです。互助精神にもとづいたもので、お金を支払った分だけ便益を受けるといったシステムではありません。

保険料を払っていても健康な人は医療費を使わない。反対に、病気して手術・入院をすれば、年間数百万円の医療費を費やす人もいます。

この場合は、自分が健康だったことに感謝することで、他人の医療費を肩代わりしていることを不公平だと不満を言う人はあまりいないことでしょう。が、保険料を払わない人が、医療費を使ったとしたらどうでしょう。

国民健康保険の保険料滞納率は、二〇一三年六月一日現在一八・一パーセント。国民健康保険だけでなく、国民年金においても、掛け金の未納率や滞納率は増加傾向にあります。

低収入のために払いたくても払えない人が増えていることも事実ですが、こういった傾向を利用して、払えるのに払わない人が増えていることも、また事実です。

こういったフリーライド（タダ乗り）が増えれば、国民保険とか国民年金といった社会保障制度は崩壊してしまいます。

なぜなら、フリーライドする人がいることを知れば、不公平だと憤るとともに、だったら自分も同じことをしようと考える人が出てくるからです。フリーライダーは公正で公平であることを前提として成り立っている社会システムの前提を崩壊させることで、社会そのものを破壊してしまうのです。

人類は集団生活のなかで協力し合って生きてきたからこそ、霊長類のトップに立って文明を築き、繁栄をもたらすことができました。

でも、いつの時代にも、

「自分だけは犠牲（協力や努力）を払わずに、利益だけを享受する」

という狡猾な人間がいたことも事実です。

こういった人間がグループのなかに登場することは、グループにとって大きな問題です。なぜなら、フリーライダーが何らかの懲罰を受けない場合、それをまねする人間が現れるからです。国民健康保険の保険料や国民年金の掛け金を払わないフリーライダーがいるということを国民が感じとれば、制度に対する信頼感がゆらぎ、未納者や滞納者がさらに増えるという悪循環に陥ることになります。

育休や介護休業をとることは、人間としての権利であり、決してフリーライダーではありません。しかし、職場の仲間のなかに、それをフリーライダーだと感じる人たちが生まれれば、それは大きな問題です。

職場において自分や自分たちが不公平に取り扱われていると思う人がいるということは、その組織にとって大きな弱点となります。

人類の祖先が群れを形成するようになってから数百万年、フリーライダーは集団を破壊する一大要因として、いつの時代も大きな問題となってきました。

なぜなら、集団で協力態勢を組むということは一種の「契約」であり、その基盤にあるのは信頼だからです。

みんなで協力・努力して得た「成果」はメンバー全員で分かち合う。そういったプロセスへの信頼こそが人類の進化を勝ち得ることができた理由です。

「いっしょに協力し合って生きていこう」

という契約を破るような行為が続けば、それは他の動物と同じように、

「自分の生存だけを考える」

という利己的な生き物にもどるわけで、すなわち、人類の退化を意味するのです。

## 日本特有のハラスメント

私は、前章までで、日本的だとか日本特有だとかいわれるビジネス上の慣習について、実際には、日本だけの慣習ではないとか、基本的にはすべての先進国でも同じだよ……と主張してきました。

ですが、育休におけるハラスメント、とくに、言葉によるハラスメントは日本特有のものだと言わざるをえません。欧米先進国でも、育休をとろうとしたら上司に困ると言われたとかいう苦情はたくさんあります。しかし、同僚から嫌がらせを受けたり、嫌味を言われたという話はあまり耳にしません。

もちろん、どうしてそういったハラスメントが日本で発生するか、いくつかの理由を挙げることはできます。

まず、第一に、日本の職場において長時間勤務が当たり前のようになっていること、そして、また有給休暇はあってもとれない雰囲気にあることは、大きな原因として挙げることができるでしょう。

世界最大のオンライン旅行会社「エクスペディア」の世界二五ヵ国の比較調査によると、

日本の有給休暇数は二〇日。フランス、ブラジル、スペインの三〇日には及びませんが、世界平均の二五日には近づいてきています。ちなみにアメリカは一九日で、日本より一日少ない。

問題は、休暇の消化率です。

日本の有給休暇消化日数は一〇日、消化率は五〇パーセント。この消化率は、七年間ずっと最下位だったのですが、二〇一四年の調査で、やっと下から二番目に浮上しました。最下位は韓国で四八パーセントです。

有給休暇をとるときに罪悪感を感じるかどうかといった質問に、イエスと答えた割合は日本が一位で二六パーセント。

後ろめたく感じる理由の一位は人手不足のためでした。休暇中も仕事のことが頭から離れないと答えた割合も、日本が第一位。同僚たちに迷惑をかけているのではないかと、休暇中も後ろめたい思いをしているのかもしれません。

こういった長時間勤務で休暇もとれない環境にいれば、心の余裕もなくなります。同僚の肩代わりで余分に働かされれば、「私は休暇もとれないのに」と、文句の一つも言いたくなることでしょう。

雇用の流動性がないことも、日本の職場でハラスメントが発生しやすい理由の一つだと思います。

日本では、職場でもめたら、いったん辞めて、働けるようになったらまた働こうという発想ができません。だから、育休をとる社員も、同僚や上司との間でもめても、我慢して居続けることになり、それが、またいっそう、職場での軋轢を増すことになります。

こういった諸事情が変化すれば、同僚が嫌味を言ったり意地の悪い態度をとることは、ある程度減るでしょう。

でも、そうなった場合でも、日本の職場では、諸外国と比べて、やっぱり、嫌味、陰口、批判などがなくなることはないだろう……と推測できるような、残念な実験結果がありま す。公共財の供給に関する実験で、日本人は意地悪なのかと考えさせられる実験です。

この興味深い実験をご紹介する前に、一つ考えてみたいことがあります。

それは、子供は公共財かどうかということです。

### 子供は公共財なのか？

出生率が増えることは、少子化や高齢化の歯止めになります。若い世代の人口が増えることは、国民健康保険や国民年金システムの健全化につながります。人口が増えることは、労働人口が増え、消費者が増え、つまるところ、日本経済の成長を促すところまでは行かなくても、少なくとも維持することになります。

したがって、子供をもっていない男女にとっても、出生率が増えることは、そこから導き出される経済成長からの恩恵を受けることになるわけですから、子供は公共財とみなすことができるはずです。

では、子供を産み育てることにかかるコストは、誰が負担しているのでしょうか？

つまり子供という公共財を供給するのにかかるコストを誰が出しているのかということです。

当然、親が大半のコストを負うことになります。が、育児休業中に払われる給付金は雇用保険から支払われるわけで、雇用保険料の約半分は全社員の給料から天引きされます。ということは、独身者や子供のいない人も負担していることになります。政府は会社、とくに中小企業が育児休業や時短などのシステムを提供できるように、助成金を出しています。これの一部は、国民の税金でまかなわれています。

ということは、国民は子供の誕生や育児に対して、ある程度のコストを負担していることになります。親のコストとは比べものにならないくらい少ないかもしれませんが、親はそのぶん、子供から個人的な恩恵、たとえば子供と暮らす幸せ感とか老後の安心感とかいった恩恵をこうむっているはずです。

このように、子供を公共財だと考えたところで、「日本人は意地悪だ」という検証について紹介しましょう。

## 意地悪な日本人

経済学者の西條辰義氏（現在一橋大学経済研究所教授）は、一九九〇年代に、公共財供給にかかわるいくつかの実験を、米国と日本で実施しています。そのなかで、フリーライダーに対する日本人の特性について、興味深い結果を導き出しています。西條氏の「経済学における実験手法について考える：『日本人はいじわるがお好き?!』プロジェクトを通じて（『経済学史研究』48巻2号）」をもとに、簡単にご紹介します。

前述したように、公共財の供給においては、フリーライド（タダ乗り）できるようならそうするのが自分にとっては一番お得なはずです。

道路をつくるとして、他の人たちにお金を出してもらって道路ができあがる。で、出さなかった人は、道路ができたことで便益を得ることができれば、一番お得です。
でも、自分がそういったプロジェクトに参加しないといえば、他の人たちも参加しないかもしれません。

こういった思惑や行動を、ゲーム化して実験をしてみるのです。
一九九九年の実験で、日本においては、「意地悪が協力の源泉になる」ことが発見されました。

**実験の内容**

1．二人の被験者が一組のペアになります。各被験者は二四単位（たとえば二四ドルとか一〇〇円玉二四個の二四〇〇円）の投資資金を渡されます。このなかから公共財を作るために、投資するか、投資するならいくら投資をするか自分で決めることができます。

2．最初に、各被験者に利得表を配ります。これをみると、自分が投資する金額と相手が投資する金額に応じて、自分が得ることができる利得がいくらになるか、すぐにわかるようになっています。

3．まず最初に、各被験者は利得表をみて、投資に参加するかしないかを同時に選びます。

そのあとで、各被験者は相手が投資に参加するかしないか、どの選択をしたかを知らされます。

4．次いで、参加を選んだ被験者は、利得表をみて一から二四の間で投資金額を決定します。このとき、最初に不参加を選んだ被験者は投資はできません。

5．二人とも参加を選んだ場合は、投資金額を同時に選びます。二人とも不参加の場合は、一回目のゲームはそこで終了します。

（実験では二〇人の被験者が集められペアが一〇組つくられた。実験は一五回くりかえされ、対戦ペアは各回ごとに替わる）

筑波大学での実験結果は、二人とも参加する率が一回目では四〇パーセントであったのが、回が進むごとに上昇していき、最後のほうでは八五〜九五パーセントになりました。二人とも参加することを協力と呼ぶのなら、協力するという行為が生まれたことになります。

なぜ、協力関係が生まれたかを知るには、利得表がどういう仕組みになっていたかを説明すれば明らかになります。

利得表では、相手が参加しないとき、自分の利得を最大にする投資数は一一になっていました。でも、実際の実験では、投資数は一一ではなく七が最多でした。

これは、投資の意思決定をするときに被験者は自分の利得だけでなく、相手の利得も気にしていたことになります。

相手が不参加のとき、自分の利得を最大にするのは一一だと知っていても、そうすると相手の利得は八二七八なのに、自分の利得は二六五八。だが、投資数を七にすれば、相手の利得は四〇一八と大きく減る。

自分の利得も二二一〇に下がるけれども、四四八と少し減るだけです。つまり、自分の利得を犠牲にしても、不参加者の利得が大幅に減少することを選んだのです。

これをスパイト（意地悪な）行動と名づけます。

合理的に考えれば、つまり自分の利得を最大にすることだけを考えれば、不参加を選ぶのが一番です。そうすれば、相手は自分の利得を最大にするために投資数一一をとるだろう。そして、自分は八二七八の利得を得ることができるのだ。

ところが、日本人だと、一一ではなく七を選ぶ。

一五回の実験では、各回、対戦相手は異なるものの、不参加を選択しても自分の利益にならないという情報が間接的に伝達されて、だんだん多くの被験者が参加するようになりました。最初は参加率は四〇パーセントでしたが、最後の五回では、八五〜九五パーセントにもなったのです。

つまり、スパイト行動が協力の源泉になったということ。

これと同じ実験をアメリカ・カリフォルニア大学の学生を被験者としてやったところ、アメリカでの実験では、日本の実験結果とは異なり、参加率は六八パーセント前後で推移。米国の被験者は、不参加もあまりしないし、スパイト行動もとらなかったのです。

公共財をみんなでつくろうとする場合、日本人は一部の人が「タダ乗り」を目指しても成功しない。参加者が非参加者の足を引っ張るからです。足を引っ張られる経験をすると、次には参加せざるをえなくなる。

「日本社会は『協調型』といわれるが、内実は皆で仲良くコトにあたっているのではなく『協力しないと後が怖い』ということかもしれない。一方、米国人は『相手は相手。自分は自分』といった考えが強いといったところか」

と、西條教授は日本経済新聞でのコラムにも書いています。

この実験は、日本の職場で起こっていることに、非常にうまく当てはまります。

ただ、私は「日本人は意地悪だ」という結論よりも、「意地悪が協力を生む」ということのほうに注目をしたいと思います。日本人は意地悪をすることで、全員が参加し協力しあうことを促しているのです。

なぜ、そういった、一見、素直でない考え方をするのでしょうか？

それについては、次の章を読んでいただきたいと思います。

# 第五章　格差社会では富裕層も損をする〜組織に群れたい「求心力」と離れたい「遠心力」

## 不公平をなくすには意地悪を

政府は少子化問題を解決するために、育児休業を男女ともに積極的にとってもらうことを促す方針を打ち出しています。企業も、人手不足が長期化するなか、女性の雇用の維持をはかるためにも育休や短時間勤務制度を導入せざるをえない状況になっています。

しかし、いくら制度が先進国並みになっても、高齢化や少子化の進んでいる日本では、休んだ社員の穴を埋めるために、結局、まわりの従業員に仕事が押しつけられる。犠牲を強いられる従業員にとっては、「不公平」な状況です。

自分たちに押しつけられる不公平さを取り除くために最適な方法は何だと思いますか？

優遇されていると思われる仲間に、

「あなたのおかげで迷惑をこうむっている」

とシグナルを発信するのです。

嫌味をいったり皮肉ったり無視をする。相手が気まずい思いやのけ者になるのを避けるために、自分が受けたあるいは受けている特別な待遇を、自らの意思で返したり拒んだりするように仕向けることです。

これは、大昔からある非常に原始的な、それでいて非常に効果的な方法です。公の制度が生んだ職場での不公平を、現場の当事者たちが、手っ取り早く自分たちの手で解決しようと思えば、この方法が一番費用対効果のよい方法なのです。

日本社会は、どの国よりも、集団における平等さや公平さを重んじる社会です。自分が不公平に取り扱われることに敏感に反応する社会です。

だからこそ、一部の人間が育休とか介護休といった長期休暇をとることに対して、同じような制度を採用している他の国に比べると、同僚同士の軋轢が多くなるのです。

私はこういった状況をみたからといって、日本人が意地悪だとは思いません。

意地悪というよりは、不公平感を早く是正したい願望が非常に強いのだと思います。だからといって、むろん、長期休暇をとらざるをえない状況にある従業員へのハラスメントを肯定する気持ちは、毛頭ありません。ただ、日本人がもっている平等かつ公平であることへの潔癖なまでのこだわりを無視して制度を導入しても、うまくはいかないことを強調したいのです。

では、どうしたらよいのか？

それを考える前に、まず、なぜ、日本人が不公平感を感じやすいのかについて考えてみたいと思います。そのためにも、アフリカのカラハリ砂漠に住むサン人をご紹介しなければいけません。

### 「人類の原点」にみる「平等」

ずいぶん古い映画になりますが、一九八二年に公開された『ミラクル・ワールド　ブッシュマン』を覚えている方も多いことでしょう。映画が製作された南アフリカ共和国はむろん、日本やアメリカでも大ヒットをしました。

映画のストーリーは次のようなものです。

ある日、突然、空からコーラの瓶がブッシュマンの集落近くに落下しました。カラハリ砂漠上空を飛行していた自家用機のパイロットが投げ捨てたものです。

現代でも狩猟採集生活を営むブッシュマンは、自分たちが必要なものはすべて神が与えてくださっていると信じています。だから、欲しいものなど何もありませんでした。そういった彼らにとって、コーラの瓶は水を運ぶ器にもなるし、吹けば楽器にもなる。なめし革の模様付けにも使える魔法のような道具でした。

が、たった一つしかない。

ブッシュマンには、誰にも平等に十分なものが神（自然）によって与えられていたので、一つの物を共有するという経験がありません。誰もがコーラの瓶を欲しがり、嫉妬、怒り、そして暴力さえもが起こるようになりました。これではいけないと、主人公である仲間の一人が、「邪悪な」コーラの瓶を「地の果て」に捨てに行く旅に出ることにしました。その旅の途中で主人公がいろいろな事件を引き起こしたり巻きこまれたり、笑い満載のコメディーが展開されます。


映画では「ブッシュマン」と呼ばれていましたが、この名称は、オランダ人が「藪に住む人」という意味で使った呼び名です。軽蔑の意味が含まれているのではないかとされ、正式にはサン人と呼ばれるようになっています。

サン人は、血縁関係を中心とする一〇～四〇人くらいが集団をつくっていますが、リーダーもおらず、身分や地位の差はありません。男が狩猟して女が植物や果物を採集する生活です。ここにいけば、私たちの祖先が数百万年つづけていた「群れをつくって狩猟採集生活をしていた暮らし」を見ることができます。

人類学は人類の研究をする学問です。過去そして現在の人間を研究して、それによって、人類が抱える問題を解決する方法を見つけることを目標としています。

そういった研究の一環として、人類学者たちはアフリカをはじめ、アジア、南米といった各大陸の未開地に足を運び、近代社会と隔絶し狩猟採集生活を送っている集団を発見し観察調査をします。

私たちの遠い祖先は四〇〇万年前から三〇〇万年前にはアフリカで二本足で歩いていたのですが、地球上にいま住んでいるすべての人間の直接の祖先は二〇万年前には登場して、一〇万年前にはアフリカから世界各地に移っていきました。

各地に移った現生人類が約一万年前に農業を始めて定住するようになるまでの数十万年の間（遠い祖先を含めれば数百万年の間）、人類は狩猟採集生活をしていたことになります。数百万年つづいた暮らしぶりは、いまの私たちの考え方や感じ方に大きな影響を与えています。

いまの私たちが、なぜそのように考え、なぜそのように感じるのかを知るために、いまでも未開地で狩猟採集生活をしている人たちの暮らしを観察することは、非常に役立つ発見を提供してくれるはずだと研究者は考えています。

とくに、サン人は、最近のＤＮＡ研究でも、現生人類の中では最も古くから存続する系統の一つであることが明らかになっています。ですから、サン人は、私たちの直接の遠い祖先の姿や暮らしぶりを学ぶには、最も優れた観察対象なのです。

## 謙遜なき者は軽蔑される

カナダの人類学者であるリチャード・リーは、サン人の集団を計四年間にわたり観察調査し、いくつかの論文や本を書いています。

サン人の集団は完璧な平等社会です。集団内のメンバー全員が、誰が見つけたとか獲得したかに関係なく、食べ物を分かち合う。誰も、他のメンバーより多くのモノを持っている者などいない。物理的なモノはシェアされます。

リチャード・リーは、こういった平等社会においては、他の者の上に立つような試みは徹底的に妨げられることを知りました。集団のメンバーが、平等を守るために、積極的なシグナルを発信していることを人類学者は発見したのです。

メンバーの一員、とくに若者たちが優秀であるかのようにふるまったり、あるいは、メンバーの一員にふさわしい謙遜の態度を見せないと、他のメンバー、とくに老女たちが、その人物をからかったり笑いものにしたりして反省させるのです。

たとえば、獲物の肉を侮辱する風習があります。

狩りに出かけた若者がカモシカの脂肪たっぷりの肉を持って帰ってくると、他のメンバーの前で、その肉がどれほどやせ細って価値のないものかを、若者にふさわしい謙虚さをもって表現しなくてはいけません。もし、そういった謙虚さを言動で示さないときには、他のメンバーが肉をけなし、若者をからかうのです。

**傲慢にさせない**

この逸話を読んだとき、私はすぐに思い出しました。

そういえば、日本でも「粗品」という言葉があり、いまでは、年配の人しか口にしないかもしれませんが、贈り物をするときには、

「つまらないものですが……」

と付け加えたものです。他人を食事で供応するときも、

「お口汚しですが」

とか、

「こんな粗食で申し訳ございませんが」

と言い訳したものです。

粗品、粗茶、粗宴など、自分が子供だったときに、祖母や祖父は「粗末な」という意味の「粗」という言葉をよく使っていました。他にも、愚弟、小生、弊社……とか、いまでも、自分をへりくだった表現を使っている例はいくつかあります。

自分には大した価値がないと卑下し、自分が他人に提供する品物や食事を卑下するのは、まさに、サン人の集団でメンバーが従わなくてはいけないしきたりと同じです。

子供のころは、なぜ、そんなに自分自身を卑下し自分を低く見せようとするのか、その理由ははっきりとはわかりませんでした。

人類学者のリチャード・リーも、私と同じように疑問に思ったようです。

「なぜ、獲物をそんなにけなすのか？　苦労して仕留めた獲物の肉を、仲間のみんなに分け与えようとしているんだ。そんな若者を、なぜ、侮辱しなくてはいけないのか？」

そう思ったリーは、情報提供者にその理由を尋ねました。

「傲慢にさせないためだよ」

と彼は答えました。

「若者が多くの獲物を獲るようになると、自分自身を大物のように思い込んでしまう。そして他のメンバーは自分より劣った身分の低い者だと感じてしまう。こういった考え方は受け入れることができない。自慢する者を拒絶しなくてはいけない。なぜなら、そういったやつは、いつかプライドのために人を殺す。肉を無価値なものだとけなすことで、狩りをして高ぶった若者の感情を冷静にさせ、彼を優しい人間にするんだ」

この言葉は、数百万年の経験から人類が得た叡智にあふれています。

## 内部抗争を防ぐ「嫌味」

この言葉は、人類が他の霊長類から進化した証のひとつとして挙げることができます。なぜなら、他の動物は食べ物をめぐってケンカをし殺し合いをしてきたし、いまもしています。

集団をつくった私たちの祖先は、集団内部でのケンカや殺し合いを防ぐために、それなりのルールをつくったのです。目立つこと、自慢すること、自分が他人より優れていると思うこと、こういうことすべてを、若いころから考えさせないようにするために、まわりの大人たちが言葉で牽制するのです。

なんと原始的な、それでいて、腕力や暴力をつかうのでなく言葉だけで牽制するという、なんと進歩的な手段でしょうか？

私たちが職場で優遇されている同僚たちに嫌味を言ったり皮肉を言ったりして足を引っ張ろうとする行動も、こういったやり方で、職場で公平さを維持していこうと、本能的に感じているからだと考えることもできます。

ただし、むろん、現代の職場と狩猟採集生活を送っていた集団とでは、決定的に大きな違いがあります。

## 公平はむずかしいもの

サン人の集団は平等な社会です。

米国の経済学者レスター・サローは、経済成長が止まり資源や富の総量が一定となれば、ある者が利益を得ると誰かがその分だけ不利益をこうむる「ゼロサム社会」になるとしました。

狩猟採集生活はゼロサム社会です。狩猟採集生活において、他の誰よりも多くの食料を所有していたとしたら、それは、誰かからだまし取ったか、盗んだか、あるいは腕力を行使して奪ったか——なのです。ですから、すべてのものめごとを排除するために、狩りをする腕が良いとか悪いとかに関係なく、食べ物は平等に分けます。そうでなければ、協力体制は築けません。

しかし、現代社会における「会社」という組織では、役職とか身分によって、お給料は異なるはずです。最近は、能力給制度を採用している企業も多くなりましたから、同期の入社でもやっている仕事が違えばもらえる金額は異なることでしょう。

能力給の基本的考え方は、会社が利益を上げるのに貢献した、その度合いによって給料の額に差をつけます。ひらたくいえば、稼いだ分だけ、より多くの給料がもらえるということです。

能力給でなく、年功序列制度であれば、サン人ほどではありませんが、ある意味、平等です。長い年月勤めてきた人は、会社の利益への貢献度がいまは少なくても、若い人よりたくさんもらえる。そんなの不公平だと思っている若者も、年をとれば同じようなシステムのおかげで、能力以上の報酬を維持できる。長期的にみれば、かなり平等です。

能力給の問題は、会社が利益を上げるのに誰がどれだけ貢献したかを正確、かつ誰の目からみても公平に判断することがむずかしいということです。

「自分はあいつより貢献度が低いから給料は少なくてもよい」
と思う人はあまりいないでしょう。反対に、
「どうしてあいつが自分より多くもらっているのか？　貢献度は変わっていない、というか、自分のほうが貢献度は高い」
と考えている人はけっこういることでしょう。

会社は公平な判断をしていると思っても、社員一人一人の個人的判断では不公平だと思われているかもしれません。

育休や介護休業の制度は、国の政策としては公平かつ公正な政策とみなされるとしても、個人のレベルでは自分がどちらの立場に立つかによって、公平ではないと感じ取られるのです。とくに、日本のように残業が多いし有給休暇はとれないといった職場環境においては、総論的には公平な政策が、各論的には不公平になるのです。

サン人のような平等社会においては公平さを維持することはできても、現代社会において公平であることは至難のわざです。

## 公平より平等が好き

公平と平等、どう違うかといえば、総務部で仕事をしている社員たちに、それぞれの社員の能力（生産性）に関係なく、一律に一時間一〇〇〇円払うとすれば、この報酬配分は平等です。が、生産性の高いAさんは、同じ内容の仕事を同じ量だけ与えられても六時間で終えることができて早めに退社します。Bさんは生産性が低くて八時間かかります。場合によっては、残業代さえ請求できます。これは、Aさんにとっては不公平な報酬配分です。

日本人は自分が属している集団において自分が公平に扱われているかどうかを非常に気にします。なぜなら、日本人は、公平よりも平等に重きをおく傾向が強いからです。能力に違いがあっても、平等であることにこだわります。その理由は、祖先の狩猟採集生活にみられるように、集団で協力しあうためには平等であることがベストだからです。

日本人は集団で協力しあうことに非常に重きをおいているために、平等主義なのです。日本人がなぜ、これほどまでに集団での調和や協力を重視しているかは、第六章で詳しく説明します。ここでは、平等主義であるがゆえに、集団から特出する人を嫌うことについて考えてみたいと思います。

（サン人の話題から離れる前に付け加えたいのですが、サン人は、一九八〇年代から、政府の近代化政策によって農業に従事して定住するよう促されています。貨幣経済が導入されることによって、人類学者の貴重な観察対象だった「平等社会」は徐々に消えていくことになるでしょう）

## 世界の「出る杭は打たれる」

「出る杭は打たれる」ということわざの由来は、フェンス用に杭が数十本ずらりと横に並んでいるとして、一本だけ他よりも高かったとしたら、打ち込んで、同じ高さにそろえるということです。ですから、さし出たことをする者は、人から非難され制裁を受けるという意味だったり、才能・能力がぬきんでている人は、とかく人から憎まれるという意味につかわれたりします。

自分だけ目立てば損をするわけですから、まわりと同等の高さで横並びを選ぶ。日本企業には価格戦略がない、競合他社が価格を下げれば下げるし、上げれば上げるだけ……と批判するときも、「日本企業の横並び意識」と説明されます。

「出る杭は打たれる」ということわざは、日本人の、ひとりの人間が特出することを嫌う

「平等意識」をうまく表現しています。

もっとも、同じようなことわざは海外にもあります。

「高い木は多くの風をひきつける」

意訳すれば、「高い木には風当たりが強い」といったところでしょうか。オランダのものという説があり、オランダのことわざを解説しているサイトでは、「オランダの文化では、一般大衆のなかで目立つような言動をすることは、アメリカのようには評価されない。他よりも目立つ人間は多くの非難や批判を受けることになる」と書かれています。

オランダにも横並び意識があるのかどうか、調べてみたいものです。

中国にも、「高い木は風を集めやすい」とか「目立つ鳥は鉄砲で撃たれやすい」ということわざがあります。

考えてみれば、オランダでも中国でも、源をたどれば、狩猟採集生活をしていた同じ祖先にいきつくのですから、どの文化においても昔は同じような集団ルールを守っていたのでしょう。現代でも、平等主義をどの程度守っているかの程度の差は、それぞれの地域がそれぞれの環境・風土のなかで、どのように変遷してきたかの違いによります。

オランダのように一般大衆のなかで目立つような言動をすることはアメリカほどには評価

されないと考えられている国でも、日本人からすると、高い木でも風当たりはそれほどでもないと思うかもしれません。

それでも、威張る人よりは謙遜する人のほうが好かれることは、どの文化でも変わらないと思います。

あるプロジェクトを成功させたとして、アメリカにおいてでさえ、自ら自慢気に吹聴するような人は、ほかの社員たちからよく思われるわけもなく、陰口をたたかれる。それよりも、

「プロジェクトが成功できたのは、サポートしてくれたみなさんのおかげです」

と謙遜したほうが好かれるにきまっています。

## 打たれた杭

「目立つと損」で思い出すのは、二〇〇四年のライブドア事件と二〇〇六年の村上ファンド事件です。

ＩＴベンチャー企業であるライブドアをめぐる事件では、粉飾決算をしたとして、代表取締役（当時）の堀江貴文氏を含む当時の取締役数人が逮捕・起訴され、最終的に堀江氏は懲

役二年六月の実刑判決をうけました。一方、村上ファンド代表の村上世彰氏は、ライブドアがからんでいたニッポン放送株の売買においてインサイダー取引をした容疑で逮捕され、最終的には、執行猶予付き有罪判決をうけました。

なぜ、私がこの二つの事件に注目するかといえば、これらの事件ほど、「目立つ」という言葉がつかわれたケースはなかったからです。

「逮捕するほどの事件でもなかったのに、目立ったから逮捕された」

とか、

「目立ったから懲らしめのために逮捕された」

とか……。そうかと思えば、二人のお金儲けに対する考え方の倫理性に疑問を投げかける論評も多く目につきました。

たしかに、ライブドアの堀江代表取締役は目立ちました。テレビには出る、衆議院選挙には出る。しかも、悪目立ちするような発言をよく口にしました。

一般的反感を一番買ったのは、

「お金で買えないものはない」

という発言です。私自身は、そう発言したところをテレビなどで聞いたことはありませんが、二〇〇五年に出版した『儲け方入門　１００億稼ぐ思考法』（ＰＨＰ研究所）には、「お金で買えないものはないということです。プロ野球球団だって買えるし、女心だって買える」

と書いてあります。

お金儲けについての本なのですから、売るためには、こういった過激な書き方もしなくてはいけないのでしょう。

## 本当のことを言うと叩かれる

過激と書きましたが、それは、反発を招くであろうことがわかっているうえで、あえて書くことを過激といっているだけです。内容的には、過激でもなんでもありません。本音では、お金があればほとんど何でも手に入ると思っている人が大半でしょう。

神経科学のいくつかの実験で、人間の脳はお金に対して、セックスや食べ物に対するのと同じ反応をすることが証明されています。

セックスすることや食べることは人間の本能です。生存するためには食べなくてはいけない。そして、子孫を残すためには性行為をしなくてはいけない。脳は自分の所有者がそういった行為をすることを促すために、そういった行為をする、あるいはすることを期待するだけで、報酬系が活性化してドーパミンという化学物質が脳内に充満し、快楽を感じるような仕組みになっているのです。

食べ物もセックスをするために必要なパートナーも、どちらもお金さえあれば買える。長い歴史において、その経験がくりかえされることによって、報酬系はお金そのものに興奮するようになったのだと考えられています。

そして、いまでは、お金ほど、報酬系に大きな影響を与えるものはないということを証明した実験結果もあります。お金に比べれば、絶世の美女も、ジューシーなステーキも、報酬系を刺激して活性化する力では格段に劣るそうです。

だから、お金で何でも買えるという言葉は正しいのです。ほとんどの人間がそう思っているはずです（ただし、お金を積んでも治せない病気があるので健康は買えない。また、好きな女〈男〉をお金でひきつける確率は非常に高いですが、数十年と長期にわたってひきつけ続けることはむずかしいかもしれません）。

堀江氏が指摘したことは正しい事実ですが、それを公衆の面前で口にすれば、「出る杭」になってしまうのです。

## 金持ちが嫌いなのは日本人だけ？

元通商産業省官僚だった村上世彰氏が代表となっていた「村上ファンド」は、主に投資ファンド事業にたずさわっており、設立わずか六年で四〇〇〇億円もの運用資金を集めたことで、業界では有名人だったようです。が、堀江氏のようにメディアに頻繁に登場するわけでもなく、人物像にスポットライトが当たったのは村上氏が逮捕されてからです。

それも、やっぱりお金をめぐるエピソードが中心でした。

九歳ごろに父親からもらった一〇〇万円で株式投資を始め、「会社四季報」を熟読していたとか、「お金儲けが大好きな人」を裏付ける逸話が、メディアで紹介されました。みずからの逮捕について、

「儲け過ぎたから嫌われた」

と言ったとか、あるいは、

「日本人はお金持ちが嫌いなんですよ」

と言ったとも報道されました。

たしかに、日本人はお金をもっていることが明らかにわかるような派手な生活ぶりを見せ

る人を嫌います。「成金はいやね」と軽蔑した目で見ます。お金儲けが大好きで、それが人生の楽しみだと正直に言う人も好きではありません。「カネの亡者」とか「強欲」だとかレッテルを貼られます。

しかし、世界の先進国のなかで、お金儲けが大好きで、お金を儲けることが人生の目的です……と正直に言う人間に眉をひそめないのはアメリカぐらいでしょう。

人間はお金が大好きです。お金が嫌いな人など一人もいません。誰だって心の底ではお金が欲しいと思っています。が、また、長い歴史のなかで、お金に対する欲望が人間と人間の争いを招き、暴力、殺人、そして戦争までをも引き起こしている主な原因であることを学んできています。

ですから、本音は「お金大好き」でも、その欲望を表に出さない、なるべく隠す。そして、そういったことを口にすることを恥ずかしいと感じたり、自分がお金持ちであることに罪悪感を感じることで、自分の欲望をコントロールすることを学んできたのです。

正直に自分の本能に従うのをやめ、欲望を自制することを学ぼうと努力してきたのです。集団をつくって、歴史を重ねることにより、こういった欲望をあからさまにしない文化、習慣、しきたり、社会のエチケットができあがってきます。

だから、昔からの伝統を大切にしてきたヨーロッパの先進国の多くは、お金のことを口にする人には「はしたない」と眉をひそめるようになっているのです。お金をもっていることをひけらかす人には「成金」というレッテルを貼るのです。

## 金持ちは「危険分子」

アメリカは一七七六年建国ですから、まだ、歴史の浅い国です。もともとヨーロッパ、とくに英国からの移住者がつくった国であり、建国以降も常に移民を受け入れてきた国です。アメリカ合衆国がこれまでに受け入れた移民の数は世界のどの国よりも多く、合計五〇〇〇万人を超え、現在も年間七〇万人近くを受け入れています。

最初は、英国、ドイツ、イタリアとヨーロッパからの移民が多く、こういった人たちがいわゆる「白人中流階級」の大半を占め、米国の価値観をつくってきました。が、いまでは、ヒスパニックとアジア系移民の流入で、数としてもマジョリティの地位があやうくなってきています。

新しい移民は、いまでも、貧乏人でもお金持ちになれるという希望をかなえてくれる国としてアメリカを見ています。

いわゆる「アメリカンドリーム」はまだ生きています。ですから、お金持ちの派手な生活がテレビなどで報道されても、日本や他のヨーロッパの伝統を重んじる先進国のように、「成金」とか「拝金主義者」とかいって眉をひそめることはありません。貧しい移民が大金持ちになって、自家用ジェットをもち、プール付きの大邸宅でセレブも招待するパーティを開く……などというメディアの報道に喝采を送ります。

自分もそうなる可能性があることを思い出させてくれるからでしょう。

日本人が派手な金持ちを嫌うのは、平等であるべき社会に存在すべきメンバーではないと感覚的に思っているからです。その意味で、お金があれば何でも買えるとか金儲けが好きとか正直に口にする堀江・村上両氏は、平等であるべき社会を破壊する危険な人物だと感じたのです。ですから、彼らに対する感情的な反感、反発は一般的に共有されたのでしょう。

日本経済新聞は、戦後七〇年の企業転変を描く連載シリーズで、村上ファンドを取り上げました。そのなかで、シンガポールを拠点にアジアの不動産投資をしていると村上氏の近況を伝え、「当時の教訓を生かしているのか、投資は自己資金で行い、目立つことを注意深く避けている」と書いています。

ここでも、「目立つ」という言葉がつかわれています。

日本社会はそれほど、目立つ人間には住みづらい社会なのでしょうか？

ライブドアも村上ファンドも会社が、六本木ヒルズの森タワーにありました。そして、両者ともに、隣接する高級マンションの六本木ヒルズレジデンスに住んでいました。

アメリカで一九九〇年代末に起こったITバブルが日本にも少し波及していた二〇〇〇年代初めには、新興ITベンチャーとか投資ファンド会社やその経営陣が六本木ヒルズに集まり、夜景を眺めるセレブとのパーティなど、派手な暮らしぶりが話題になりました。そして、こういった企業の代表者たちは「ヒルズ族」と呼ばれるようになりました。

しかし、堀江・村上両氏逮捕で、「富の象徴」として若者たちの憧れの対象だったヒルズ族のイメージは、「拝金主義者」へと陥落してしまいました。

そういったレッテルを貼られるのを嫌ってか、楽天やヤフーなどは六本木ヒルズから引っ越しをしたくらいです。

## 自由かそれとも死か？

イギリスの人類学者ロビン・ダンバーは、「社会的な動物は絶えず二つの力で平衡を保ってきた」と書いています。

ひとつは求心力です。

狩猟採集生活では群れを離れることは死を意味します。猛獣に食べられてしまうこともありますが、草原をさまよって食べ物をみつけることは一人ではむずかしい。メンバー全員が協力しなければできないことです。死ぬことへの恐怖心から誰かといっしょにいたい、集団のなかでみんなといっしょに暮らしたいという欲求がつのります。

もうひとつは遠心力で、集団から離れて自由気ままに生きたいという欲求です。

群れの中での人間関係は複雑です。考え方や感じ方の違うさまざまな人間がいっしょに暮らすのですから、自分の要求や欲求を通そうとすれば、必ず他の誰かが反対する。だから、もめごとが起こらないように、集団のメンバー誰もが守らなくてはいけない基本的ルールができます。

ルールを守り、スムーズな人間関係を維持しつづけるためには、我慢しなくてはいけないことが多くなります。ストレスが増えます。人間は、こういったストレスに耐え切れず、群れを離れ、自由になりたいと願う欲求をいつも抱えています。

群れたい求心力と群れを離れたい遠心力。この二つの引力の間の均衡を保つことは、昔の人間にとっても現代人にとっても、切実かつ深刻な問題を引き起こします。

日本にも「村八分」という言葉がありました。
村社会の掟や秩序を破った者に対して、他のメンバー全員が結束して絶交して制裁することです。江戸時代でしたら村八分になることは死を意味していたでしょう。だから我慢してルールや秩序を守るようにするのです。

現代社会でも、職場や学校といった組織でうつ病やその他の精神的問題を抱えている人たちの一番の悩みは、人間関係です。

スムーズな人間関係を維持するために、決められたルールがあり、自分の感情や欲望を抑制することが求められます。

でも、集団での決めごとを守りつづけることで息苦しくなることがあります。とくに優秀な人間は、自分の優秀さを自制することに嫌気がさすこともあるでしょう。また、優秀さにそれだけの対価を払ってくれる場所に行きたいと思うのは当然のことでしょう。

だから、自由を求めて、アメリカに行くのです。

アメリカは世界中の優秀な人材を集めることができます。優秀な人材にふさわしい厚い待遇をすることに対して、不公平だと訴える人はあまりいません。若くても優秀であれば、金銭面を含めＶＩＰ待遇を受けることができます。しかし、それは、また、アメリカ社会のなかには、集団としての秩序を維持するために守るべきしきたりや慣習などが、それほど厳しくは存在していないことを意味しています。

そして、自由のある社会には、それなりの問題もあります。

## 成功者の罪悪感

才能があれば、他者との相対的比較なしに、その才能に見合った報酬が得られるアメリカは、必然的に超格差社会です。一パーセントの富裕層がアメリカ全体の総所得の二〇パーセントを握っています。上位一〇パーセントの世帯が総所得の五〇・四パーセントを占めています。

いくらお金持ちに対して妬みをそれほど感じない国でも、この格差は多くの問題の要因となっています。

それでも、富裕層への税率を増やす方針には、根強く反対する人たちがいます。お金を稼ぐ能力がある人たちが、その才能をつかって、より高い収入を得ることは公平なことだと考えるのです。

とはいえ、アメリカのお金持ちが貧しい人たちに対して罪悪感を抱かないというわけではありません。

二〇〇八年の世界金融危機の際には、ニューヨークの高級ブティックのロゴつきショッピングバッグを持って歩くことにひけめを感じる金持ちのことが話題になりました。ロゴのつかない普通の紙袋を用意してくれと店員に頼む富裕層の行動がニュースになりました。

金持ちが貧しい人たちに対して罪悪感を感じるのはどの文化でも同じです。すでに書いたように、人類は不平等や不公平さに罪悪感を感じるように進化してきているのです。罪悪感を感じないためには、自発的に、不公平さを是正しなくてはいけません。だから、アメリカのお金持ちは寄附をします。

超格差社会のアメリカは、寄附活動が世界で一番さかんな国です。

「三菱総合研究所」の報告書によると、寄附金額のGDP比率では、米国は第一位で一・八五パーセント。

第二位のイスラエルが一・三四パーセントですから、いかにアメリカの寄附金額が突出しているかがわかります。これに比べて英国は〇・八四パーセント、フランスは〇・三二パーセント、日本は〇・二二パーセント。ドイツは日本より低くて〇・一三パーセントです。

社会における所得分配の不平等さを測る指標に、ジニ係数があります。

そして、基本的に、ジニ係数が高い国ほど寄附金額は高くなっています。ジニ係数が先進国のなかでは最も高いアメリカは、寄附金額も約三四兆円と世界最高です（ちなみに日本は約七〇〇〇億円）。しかも、日本の寄附金額は大半が法人からの寄附で、個人による寄附は三六パーセントであるのに比べて、アメリカは個人からの寄附が七六パーセントになっています。

寄附する理由としては、アメリカでは、

「正しいことをしていると思うから」

が七六パーセントで第一位。公正でありたいという思いがあるのでしょう。日本では、

「他の人や社会の役に立ちたいから」

が六〇・七パーセントで第一位。ここにも、集団での調和、協調性を重んじる考え方が見受けられます。

もちろん、アメリカの税制控除は寄附を促すような内容になっています。控除の範囲も控除限度額も日本より高くなっています。

それでも、アメリカで寄附活動が活発なのはお金持ちが自分たちの罪悪感を軽減したいからだと私が思うのには理由があります。

## 金持ちは施しで妬みを避ける

金持ちは、そもそも大昔から、罪悪感をあまり感じなくて済むように、それを金銭で解決しようとしてきたからです。

中東やインドなどでの路上の光景を見せる映画とかドキュメンタリー番組では、「バクシーシ」と叫びながら、観光客に殺到して物乞いをする人たちがよく登場します。観光客が迷惑そうに断ってもしつこくついてきます。

ここで、物乞いという言葉を使いましたが、訂正します。彼らには「物乞い」をしている感覚はありません。お金を持っている人間がお金を持っていない自分たちに施しをするのは当然だと思っているのです。

バクシーシという言葉自体は、ペルシャ語の「与える」やヒンドゥー教や仏教の礼拝用言語だったサンスクリット語の「分配」を意味する言葉からきているとされます。が、富む者が富まざる者に施しをすべきだという教えは、キリスト教にも仏教にもヒンドゥー教にも、ほとんどの宗教で見つけることができます。

たとえば、イスラームの教えでは、貧しい者に施しをすることは、自分の財産を清め、神の恵みに感謝する崇拝行為です。

ですから、施しを与えたからといって、相手に何かしてあげたなどと考えてはいけないのです。むしろ、自分の施しを受け取ってくれる相手がいることを感謝しなくてはいけないのです。

だから、喜んで施しをするという意味で、喜捨と呼ばれます。

貧しい者が喜捨を受け取るのは正当な権利であり、富む者が与えるのは義務なのです。喜捨をすることは、富む者の財産に対する貪欲さを浄化し、慈悲の心を育てます。そして、喜捨を受け取ることによって、貧しい者の心から富む者への羨望と反感の感情が和らぎます。

こういった考え方を、私は、現代的な文脈で、

「富む者は寄附をすることで罪悪感を軽減し、貧しい者はそれを受け取ることで富む者への妬みとか反感を軽減する。それによって、社会全体がまとまりやすくなる」

という、ちょっとクールな説明の仕方をしてみます。

実際には、私たちは、古代からの叡智を受け継いでいるだけです。しかも、もしかしたら、それを昔ほどにはきちんと実践できていない傾向にあります。

健康問題や社会問題は不平等社会になるほど悪化する

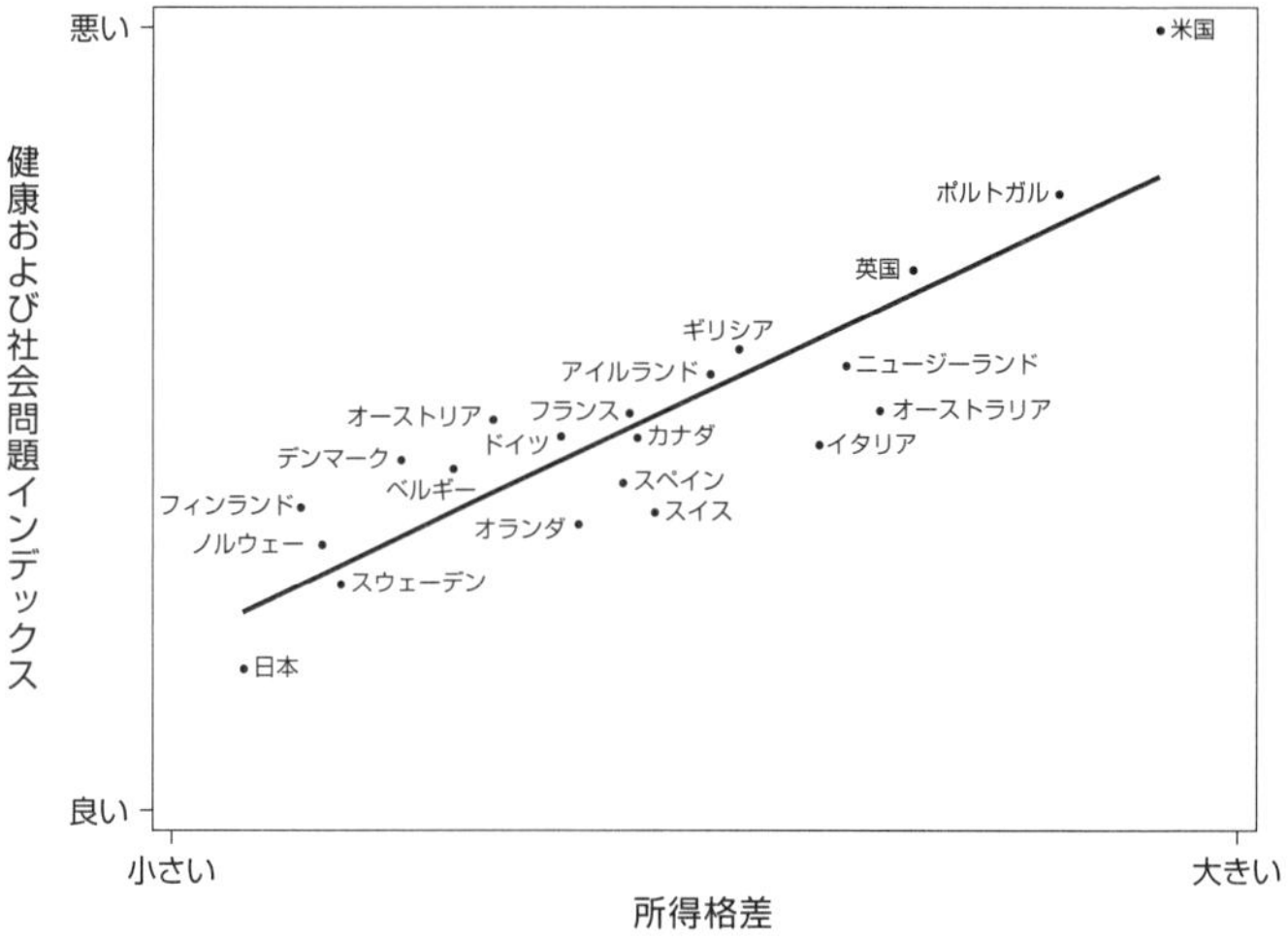


『平等社会』（東洋経済新報社）より

## 格差社会では金持ちも病気に

富の格差が広がると、貧乏人だけでなく、富裕層の寿命も短くなるという調査結果があります。

二〇〇九年にロンドンで創立された平等社会を目指す団体「The Equality Trust」のサイトには、収入のトップ二〇パーセントとボトム二〇パーセントの所得の割合を横軸にとり、健康や社会的問題（平均余命、乳児死亡率、殺人、懲役刑、一〇代の妊娠、肥満、薬やアルコールを含めた精神的病い）を縦軸にとって、比較した図表があります（上図）。

格差の大きい国アメリカは健康や社会的

問題の割合が断トツに高くて右上に示され、次いで、ポルトガル、英国が続きます。日本やフィンランド、ノルウェー、スウェーデンといった北欧は左下になります。

そして、日本や米国の研究者たちが日米欧などで格差と健康との関係を研究した論文が、二〇〇九年に、イギリスのメディカルジャーナルに発表されました。そこでは、社会の所得格差が大きくなると、貧困層だけでなく中間層や富裕層でも死亡する危険性が高まることが明らかにされています。

貧しさが健康を損ないやすいことはわかります。が、格差はこういった貧困層だけでなく、生活に困っていない層にも影響を与えるということで話題になりました。

慢性的なストレスが自律神経やホルモンの動きを乱して、免疫機能を下げたり血糖値を上げたりするのが原因とされています。

不公平や差別社会から生まれる妬みは、富裕層にも貧困層にもストレスとなります。社会的つながり（団結、まとまり）が損なわれることからも、ストレスが生まれます。格差の指標となるジニ係数が〇・三を超えると、個人の所得水準や年齢・性別にかかわらず、健康への悪影響が出始めるそうです。

ＯＥＣＤ（経済協力開発機構）が二〇一四年に発表したデータによれば、日本のジニ係数は第一〇位で、ＯＥＣＤ平均よりも高くなっています。日本の人口の上位一〇パーセントの富裕層の平均所得は下位一〇パーセントの一〇・七倍で、ＯＥＣＤ平均の九・六倍より高い。ですが、富裕層の所得は横ばい状態が続いており、日本のジニ係数が高くなった大きな原因は、貧困層の所得が減るとともにその割合が高くなっていることです。

貧困層が増えたことはむろんいけないことです。でも、スーパーリッチが増えたわけではないということは、妬んだり不公平感からくるストレスが社会に少ないことを意味します。妬みや憎悪は犯罪を招きます。

海外の富裕層は、自分たちの安心・安全を守るために、子供の送り迎えをし、場合によっては、富裕層だけが住む城塞で囲まれたような区域にガードマン付きで住む。富裕層でなくても中間層でも、一人でぶらぶら歩いてはいけない危険な地域がたくさんある。これでは、毎日の生活にストレスがたまるはずです。

イギリスの新聞「エコノミスト」が治安の良い国&都市ランキング（二〇一五年度版）を発表しました。世界の五〇主要都市のなかで、東京が最も安全な都市として選ばれたのは、やはり、海外のようにチョー富裕層、目立つ富裕層がいないということでしょう。貧しい人たちの妬みや憎悪が、それほど強くないということが証明されたわけです。

日本でも近年、「富裕税を設けるべきだ」といった声が出てきています。それに対して、そんなことをすると働く意欲がなくなるとか、あるいは、チョー富裕層は日本にはもう住めなくなるといった反対意見もあります。富裕層を税優遇する国に移住する人たちが増えると懸念しているのです。

たしかに日本の相続税は五五パーセントの税率。OECD平均の一五パーセントより、フランスの四五パーセントやアメリカの四〇パーセントより高くなっています。しかし、考え方によっては、日本の富裕層は安全・安心を税金を納めて買っているのだということもいえます。

日本人は寄附金額も少ない。税金をたくさん支払い、社会の平等実現に貢献することによって、心理的、社会的ストレスを減らし、犯罪を減らし、その結果、自分の精神的、肉体的健康を維持する。他国では、自分の安心・安全をお金を払って自分で守らなくてはいけない。だったら、そういった経費が少ない分、税金を納めているほうがずっと良いと考えることもできるはずです。

もちろん、その税金の無駄遣いをしないように、公務員の生産性を上げ、人員を減らしてもらいたいということが前提条件になるでしょうが……。

# 第六章　不安遺伝子が日本を守る～短所は長所になる

## 世界で一番不安な日本人

私は、本書の冒頭で、地球上に住んでいる人間は、基本的な点ではよく似ていると書きました。地球上の七〇億人は、もとをたどれば同じ祖先に行きつくのですから、当然と言えば当然です。でも、住んでいる地域の風土の違いによって、一万年もたてば、ちょっとした違いが出てきます。

風土（まわりの環境）にあった考え方や感じ方が生まれ、その地域特有の文化や風習をつくるからです。

風土や環境に適応した考え方や感じ方が生まれるといった漠然とした書き方をしましたが、環境によって遺伝子そのものが変化する例もあります。

日本人が平等や公平であることに潔癖なまでにこだわるのは、集団における調和や協調性を重んじるからです。では、なぜ、日本人は、外国に比べて、集団における調和や協調性を重要視するのでしょうか？

その答えを見つける重要なカギとなるのが「不安遺伝子」です。

一般受けをねらって「不安遺伝子（Anxiety Gene）」という名称で呼ばれる遺伝子は、学術的にはセロトニン・トランスポーター遺伝子S型といいます。

セロトニンを移送する（トランスポート）遺伝子です。

セロトニンは、報酬系が活性化したときに出てくるドーパミンと同じ脳内化学物質（神経伝達物質）です。ドーパミンがルンルン気分の快感を提供するのとは違い、セロトニンが脳内に一定レベル存在していれば、安心感、心のやすらぎ、幸せを感じやすくなります。

反対に、セロトニンが不足すると気分が落ち込み、イライラして感情的になったりします。長期にわたってセロトニンが欠乏すると、うつ病になることもあります。

心理学者や精神科医は、災害、病気、失業、家族の死亡といった人生上の大きな不幸や災難が起こった時に、そこから割と素早く立ち直れる人もいるし、反対にうつ状態になり場合によっては自殺に至る人もいる。この違いはどこにあるのか長年研究してきました。

そして、一卵性双生児を対象に調査することにより、不安のレベルやうつ病になりやすいといった個人間の差の四〇～六〇パーセントは遺伝子の違いによることをつきとめたのです。そして、一九八〇年代から九〇年代にかけて各国で行われたいくつかの実験や研究によって、次のようなことが明らかにされました。

脳内のセロトニンのレベルを調整しているのはセロトニン・トランスポーターというタン

パク質なのですが、このセロトニン・トランスポーターをつかさどる遺伝子の長さには、長いものと、短いものの二種類があります（LongのL型とShortのS型があります）。そして、L型遺伝子のほうが、より多くのセロトニン・トランスポーター（タンパク質）を放出することができるのです。

S型遺伝子は、放出するタンパク質が少ないだけでなく、恐怖といったネガティブな感情を処理する扁桃体という脳の部位を活性化させることも、その後の研究で明らかになっています。

つまり、セロトニン・トランスポーターS型遺伝子を遺伝的に受け継いだ人たちは、L型を遺伝した人たちよりも不安を感じたり恐怖を感じたり、うつ病のような気分障害を患う傾向が強いということです。

そして、驚くべきこと……というか、なんとなくわかっていたような気もするのですが、日本人は、このS型遺伝子を保持している人の割合が世界で一番高いのです。

## 日本、韓国、中国の順

二〇〇九年に発表されたアメリカ・ノースウェスタン大学の心理学者や神経科学者による

論文には、二九ヵ国五万一三五人の遺伝子調査の結果が掲載されています。それによると、S型遺伝子を持っている割合はヨーロッパ人は四〇〜四五パーセントであったのに対して、東アジア人は七〇〜八〇パーセントと高いものでした。

国別で見ると、最も割合が高かったのは日本人で八〇・二五パーセント。次いで、韓国人の七九・四五パーセント、中国人の七五・二パーセントがトップ三位に並んでいます。そのほか、シンガポール人が七一・二四パーセント、台湾人が七〇・五七パーセントと、東南アジアの国が軒並み高い数字を記録しています。

一方で、欧米人はアメリカ人四四・五三パーセント、スペイン人四六・七五パーセント、イギリス人四三・九八パーセント、フランス人四三・一八パーセント、ドイツ人四三・〇三パーセントと低い。二九ヵ国中、最も低かったのは南アフリカ人の二七・七九パーセントでした。

思い出してみると、世界金融危機後の二〇〇九年に行われたいくつかのグローバル調査でも、日本人経営者が最も将来への不安を感じているという結果が出ていました。それに対して、海外の経済学者や投資アナリストたちが、

「日本が受けたダメージは小さいほうだ。日本の経営者たちが、どうしてこれほどまでに悲

観的になるのか理解できない」

と同じようなことを言っていました。

日本人が、将来に不安を感じやすく悲観的に考えやすいのは、不安遺伝子を持っている人の割合が高いからでしょうか？

この論文を書いた研究者たちは、そういった単純な結論を出してはいません。彼らは、こういった遺伝子は自分たちの環境に適応するかたちで、長い年月をへてつくられたものだと考えています。

つまり、遺伝子というものは、その遺伝子を所有している人間の生存率が高まるように自然選択されたのだと考えているのです。不安遺伝子は、厳しい環境で生き残るのに適した遺伝子だったということです。

この考え方を説明するために、牛乳と腹痛、そしてお酒に弱い日本人の話を、先にご紹介することにしましょう。

## 大半の人類は牛乳を飲めない

一九七〇年代から八〇年代にかけて主張されるようになった理論で、「遺伝子・文化二重相続理論」というものがあります。

これは、「人間の行動は、遺伝的進化と文化的進化の相互作用の産物である」とし、遺伝や文化は互いに作用しあって進化してきているという考え方です。

一例を挙げれば、文化が人間の特定集団における遺伝子の割合に大きな影響を与えたとされているものに、乳糖不耐症があります。

日本の成人でも「牛乳が苦手だ」という人は少なくないはずです。牛乳を飲むとお腹が痛くなり、ひどい場合には下痢になってしまう。しかし、これは日本人だけに限られたことではなく、人類の大半は同じような傾向を持っています。それは、牛乳が含む乳糖（ラクトース）を消化・吸収する遺伝子を持っていない人が多いからです。

哺乳類は本来、離乳期を過ぎる二歳くらいから、母乳の消化・吸収に必要なラクターゼ（乳糖分解酵素）の生産が止まるようにプログラムされています。つまり、「ミルクと言えば母乳」であり、それを飲むのは赤ん坊や幼児だけで、大きくなったらミルクは口にしないものだったのです。

ところが、北ヨーロッパや東アフリカに住む人間は、大人になっても体内でラクターゼが生産されるため、牛乳を口にしても体に異常をきたすことはありません。なぜなら、この地域では、家畜を飼いそのミルクを飲むという長い歴史的習慣（文化）があり、人間の生存率を高めるために栄養価の高い牛乳が飲めるように適応した結果として、ラクターゼの生産が自然選択されたと考えられています。

この地域に住む人たちの、牛乳を消化しにくい乳糖不耐症型の遺伝子を持っている割合を調べてみると、北ヨーロッパのほとんどの地域において四〜三二パーセント、東アフリカでも一七パーセントと低い数字を記録しています。

この、遺伝子と文化がともに作用しあう共働進化説を裏付ける発見があります。

人間が牛や羊、山羊を家畜として飼育する習慣は、今から九〇〇〇年前あたりには始まったとされています。

二〇〇七年にドイツの研究者が発表した論文によると、六〇〇〇年前から三八〇〇年前の中央、東ヨーロッパで発見された人骨から採取したDNAを調べた結果、大人になってからも乳糖を消化できるようにするための遺伝子は一般的にはまだ広まっていなかったそうです。また、東アフリカの研究でも、遺伝子の突然変異は六八〇〇年前から二七〇〇年前に発生したと考えられています。

家畜を飼いそのミルクを飲む習慣がなかった東アジアやアメリカ先住民たちは、乳糖を消化しにくい乳糖不耐症型遺伝子の保有割合が非常に高い。たとえば、日本人の割合は九〇パーセントで、そのため、日本人の多くは牛乳を飲むと消化不良の症状を起こすのです。

家畜を育ててミルクを摂取する文化が、乳糖を消化・吸収するのに必要な遺伝子的性質を自然選択させた……ともいえますし、そういった遺伝子ができたから、家畜を飼う文化をより促進させたともいえます。

ともあれ、文化と遺伝子の共働の結果ですから、どちらが鶏でどちらが卵かを明らかにするのはむずかしいようです。

## 酒の強弱と文化の相関

日本人はお酒に弱いといわれます。一気飲みして急性アルコール中毒で救急車で病院に運ばれたというニュースも、花見の季節になるとよく耳にします。

基本的にはアジア人はお酒に弱く、すぐに顔が赤くなるので、英語には「asian flush　エイジャン・フラッシュ（アジア人の赤面）」という言葉があるくらいです。

アルコールに関する遺伝子については、ご存知の方も多いことでしょう。

アルコールの分解は、主に肝臓がしてくれるわけですが、それはＡＤＨ（Alcohol

Dehydrogenase）とＡＬＤＨ（Aldehyde Dehydrogenase）という二つの酵素によってなされています。飲んだアルコールを分解する順番は次のようになります。

1）ＡＤＨ（アルコール脱水素酵素）がアルコールを、体に有害なアセトアルデヒドに変化させる。

2）アセトアルデヒドをＡＬＤＨ（アセトアルデヒド脱水素酵素）が無害な酢酸に変化させる。

ＡＬＤＨにはアセトアルデヒドが低濃度のときでも働く「ＡＬＤＨ２」と、高濃度にならないと働かない「ＡＬＤＨ１」があります。そして、日本人を含めたモンゴロイド（モンゴル人種）に、お酒が弱い、またはまったく飲むことができない人が多いのは、ＡＬＤＨ２に問題があるからです。

日本人の約半数は、生まれつき、ＡＬＤＨ２の活性度が弱いか、まったく活性化しません。そのため、アルコールを分解した産物である、有害なアセトアルデヒドを速やかに分解できず、少量のお酒を摂取しただけでも悪酔いしやすいのです。

ちなみに、分解できないアセトアルデヒドが血中に溜まると毛細血管の膨張を促すため、顔が赤くなります。これが、いわゆるエイジャン・フラッシュと呼ばれる症状です。

ＡＬＤＨ２の活性度が高い遺伝子を持っている割合は、白人や黒人がいずれも一〇〇パーセントなのに対し、モンゴロイドは五六パーセント。ＡＬＤＨ２の低活性型遺伝子の保有率は、白人と黒人はともに〇パーセントですが、モンゴロイドは四〇パーセント。まったく活性化しない「不活性型」の割合となると、白人と黒人が〇パーセントでモンゴロイドは四パーセントと、その差は歴然です。

要するに、白人と黒人はお酒にめっぽう強く、モンゴロイドは非常に弱い、となります。これらの特性も、文化との相互関係で説明できます。

ヨーロッパや中東では、すでに、五、六〇〇〇年前からビールやワインを飲んでいます。とくにビールは栄養価が高く、また、アルコールによって発酵された飲み物は長く保存できるために、水分補給のために重宝されました。水分補給なら水を飲めばよいと思うかもしれませんが、水は汲んでもしばらくたつと腐ってしまいます。

日本のように水量の豊富な急流が網の目のように流れており、少し掘れば井戸水が飲める国では、水分補給なら水を飲めばよいということになるでしょう。

が、ヨーロッパは水環境の悪い地域です。まず、雨量が少ない。そして、水位が低く、井戸も数十メートル掘らないと水が出てきません。

ですから、ビールは貴重な飲み物だったのです。ヨーロッパでは「水で死ぬことはあっても、ビールで死ぬことはない」ということわざもあるくらいです。

ヨーロッパでは歴史的に、水の代わりにビールやワインが飲まれてきました。そういった風習・文化が、アルコールに強い遺伝子をつくり、反対に、水が豊富だったアジアでは、その必要がなかったということでしょう。

こういった遺伝子と文化の共働進化という理論を背景に、不安遺伝子の研究も進められたのです。

### 感染症と不安遺伝子

最初に紹介したノースウェスタン大学の心理学者たちが発表した論文のタイトルは、直訳すると、「個人主義・集団主義とセロトニン・トランスポーター遺伝子との文化と遺伝子の共働進化」です。

研究者たちは、まず最初に、いわゆる「不安遺伝子」が、なぜ、東アジア人に集中して高いのかを、文化や風習で説明しようと考えました。

彼らは、二〇〇八年に発表されていた論文に注目しました。生物学者と心理学者との共同研究で、大昔から感染症に悩まされていた地域では集団主義の文化が築かれたことが説得力をもって結論づけられています。

マラリア、フィラリア、ハンセン病、梅毒といった感染症が、大昔に、世界中のどういった地域に流行していたかはわかっています。そして、また、どんな感染症に悩まされていたかによって、食べ物の食べ方や調理方法、結婚というか性交相手の選択基準、家族構成や家族メンバーの役割、両親の子育て方法等々の選択が異なっている、つまりどういった感染症が流行していたかによって、その地域の文化や風習が異なっていることに関する研究も進んでいました。

そういった研究成果の上にたって、大昔から感染症に悩まされていた地域では、集団主義の文化が見られるというのです。

個人の独立性を尊重する個人主義文化に対して、対人関係や社会とのつながりを強調する集団主義文化。この二つの文化で、世界の地域を区別してみると、歴史的に感染症が流行していた地域では、集団主義の文化がみられる。そして、その理由として、次のような項目が挙げられました。

**1）集団主義では、内と外との区別を明確にする**

自分たちの集団とその外の人間とを厳しく区別するのは有効な感染症対策である。よそ者や外来者と簡単に交流することは新しい感染症に身をさらす危険を冒すことになる。だから、こういった地域では、外来者に恐れを感じるような文化ができあがった。集団主義文化では、外国人や自分たちの集団の外の人間と接触することに慎重であり警戒心が強い。

**2）集団主義は自分たちが属している集団の伝統やそれに従うことに大きな価値をおく**

集団における食事、育児、結婚、その他の伝統的規範を守ることは、感染症が移り集団内に蔓延することへの防御策となる。

私たち現生人類の祖先は、二〇万年前にはアフリカに住んでいました。でも、気候や自然災害その他の事情で、一〇万年前〜六万年前ごろ、食べ物や住みやすい地を求めて、世界各地に散らばっていきました。

不安遺伝子は一〇万年前ごろ、つまり、ちょうど人類がアフリカを出て厳しい旅をしているころに出現するようになったといわれます。

私たちの祖先は、幾つかのルートを取って地球上に散らばっていくのですが、そのうち、南アジアから東アジアに向かうルートは、気候も暖かく、多数の鳥や哺乳類が棲息しています。感染症というのは、大気、水、土壌、動物などに存在する細菌、ウィルス、カビなどが、人の体内に侵入することで引き起こされる疾患です。このルートを通った祖先は、マラリア、フィラリア、デング熱、発疹チフス、結核、ハンセン病といったさまざまな病に悩まされました。

そして、感染症と闘う過程で、集団が結束して対処する考え方や規則、習慣が、つくられるようになりました。当時のことですから、衛生状態を良くするためにみんなが守らなくてはいけないこと、食べ物も生肉を食べないとか腐ったものは捨てるとか、あるいは、また一定の休息時間を規則的にとるといったような原始的な対処方法です。

でも、こういった規則や習慣を守るか守らないかでは、発症率や生存率が大きく変わります。集団でのきまりを守り従う者は病気にかかりにくく、生存率が高まる。そして、不安遺伝子を持っている人間は、規則に従うことをあまり苦に思わなかった。

なぜなら、人間は不安を感じると他人といっしょにいたい、グループの一員になりたいという願望が強くなるからです。

## 日本人の不安は生存の武器

不安を感じると、独りで暮らすことがつらくなる。社会に寄り添うことで安心感を得る。日本人は未曾有の自然災害であった東日本大震災のあとに、そのことを実体験として知ったはずです。

社会が安定しているときには気ままな独り暮らしがいい。でも、二〇一一年三月一一日の震災後に、結婚したいと結婚相談所を訪れる人数が急激に増えました。結婚情報サービスの「オーネット」では、二〇一一年四月の資料請求件数が、前年に比べて一二パーセント増。会員同士の結婚も増え、三月四月とも、前年対比で一八パーセント以上伸びたといいます。

このように、人間は不安になると誰かといっしょに暮らしたいと思うようになるのです。

不安遺伝子を持っている人は、そういった遺伝子を持っていない人に比べて、他人の言動や感情に敏感で、社会的規範に従うことをそれほど苦にはしないという特徴があります。

そういった特徴がどうしてわかったかというと、不安遺伝子、つまりセロトニン・トランスポーター遺伝子S型を持っている人とセロトニン・トランスポーター遺伝子L型を持っている人を対象にして、楽しい気分にさせるようなポジティブな言葉とか写真を見せたり、反対に悲しい気分にさせるようなネガティブな言葉や写真を見せ、その反応を調べる、いくつかの実験をしたのです。

そして、不安遺伝子を持っている人は、ネガティブな情報により強く注意を払うことがわかりました。そのために、他人が怒りとか恐れといった感情を感じるのを早期に察知することができます。

また、他人にネガティブな感情を生じさせるような人間関係や状況を予期して、そういった行動を避けることもできます。

さらに、不安遺伝子を持っている人は、何か危険なことが起こるかもしれないと、常に不安を感じている傾向が強いわけですから、迫りくる「危険」に意識を集中しています。一つのことに集中する、幅の狭い考え方をする傾向があるために、社会的規範に効果的に従うことができます。

つまり、不安遺伝子を持っている人は、集団のきまりごとを守るグループ内での生活にそれほど苦を感じないということです。

反対に、セロトニン・トランスポーターL型の遺伝子を持っている人は、オープンで幅広い、創造的な考え方ができます。自分の考え方をもっていて自己主張をします。現状から逸脱するリスクも積極的にとります。創造的で融通性があり変化にもオープン……こういった進取の気性に富んだ傾向のほうが好ましいような気もしますが、このような個人主義的文化では、感染症から自分たちの身を守ることはできなかったかもしれません。

いずれにしても、南アジアから東アジアのルートを旅してきた私たちの祖先は、不安遺伝子を持っていたからこそ集団主義の文化をつくり、感染症との闘いを生き抜いたのです。

あるいは、また、感染症と闘うなかで集団主義の文化がうまれ、不安遺伝子がつくられるようになった……と言い換えることもできます。

不安遺伝子を持っていた人間の生存率が高かったわけですから、長く生きて子供もつくる。結果、親の不安遺伝子が子孫に引き継がれることになります。

文化と遺伝子の共働進化によって、集団の規則や掟に従うことを是とする子孫がふえることになる……というわけです。

## 不安だがうつ病は少ない

感染症の流行、不安遺伝子、集団主義文化と、三つの要素の関係を探り出したノースウェスタン大学の心理学者たちは、最後に、うつ病の発症率との関係を調べてみることにしました。世界地図のうえに、①不安遺伝子の保有割合、②感染症が流行した割合、③集団主義文化かあるいは個人主義文化か、④うつ病発症率の割合の四つを色分けして重ねてみたのです。

常識的に考えれば、不安遺伝子を持っている人は気分が落ち込み、うつ病にもかかりやすいはずです。それで、不安、気分障害、うつ病、精神活性物質乱用といった精神障害の世界調査（ＷＨＯの二〇〇八年の調査）の結果と、不安遺伝子を持つ割合とを検証しました。すると、驚いたことに、不安遺伝子の保有割合が高い東アジアでの精神障害発症率が非常に低い。たとえば、日本のうつ病発症率は一〇パーセント以下でした。反対に、不安遺伝子保有率が低い欧米先進国のうつ病発症率は一〇パーセントを超え、フランスや米国のように二〇パーセント以上の国もありました。

不安遺伝子の保有割合が高い東アジア地域は、本来ならうつ病の発症率も高くなければばいけないのに、そうはならなかった。

研究者たちは、その理由を、この地域が集団主義文化であるからだと結論づけました。社会的調和や協調性を重視するなかで、他のメンバーと互いに助け合うことによって、気分障害から自分を守る結果となっているのではないかと考えたのです。

## 「日本人＝集団主義」への否定

とはいえ、「日本を含めた東アジア人は集団主義である」という説に対しては、反論も多くあります。

たとえば『「集団主義」という錯覚―日本人論の思い違いとその由来』（高野陽太郎、新曜社）は、心理学、言語学、教育学、経済学などの異なる領域における実験や調査結果をもとに、日本人が集団主義だというのは単なる通説だと批判しています。

教育学的研究では、学校でのいじめは「異質なものを排除しようとする集団主義的な日本社会特有の現象」だとみなされることが多いけれども、アメリカでも「いじめ」は大きな問題になっていることを挙げています。

また、心理学的研究では、「世界で最も個人主義的だ」といわれるアメリカ人と、「世界で最も集団主義的だ」とされる日本人とを比較する実証実験をしたところ、日本人とアメリカ人との間に明確な差がなかったことも報告されています。

私はもともと、日本人はこうだと決めつけるかのような、いわゆる短絡的な「日本人論」は好きではありません。ですから、「日本人は集団主義だ」という説に賛成しているわけではまったくありません。

そうではなくて、これまで紹介してきた研究成果は、あくまで、感染症と不安遺伝子、そして、集団における調和や協調性を重んじる傾向といった観点から考えていただきたいと思います。「集団主義」という言葉はつかいましたが、「集団における調和や協調性を重視する傾向」という意味で理解していただきたいのです。

人類学者のロビン・ダンバーの言葉としてすでに引用したように、人間は群れたい欲望と、一人になりたい欲望、二つの欲望の間を揺れ動いてきました。

人間は、自分が置かれた状況によって、集団のなかのメンバーとして暮らしたいと思うときもあれば、集団内でのプレッシャーに疲れ、そこから離れて自由気ままに生きていきたいと願うときもあるのです。こういった気持ちは、日本人もアメリカ人も、世界中の人間の誰にも存在するものです。

そういった観点から考えれば、感染症に悩まされてきた東アジアの人たちの祖先は、集団で暮らすことを余儀なくされ、それを選択した。そういった意味で「集団主義」という言葉をつかっているのだと解釈していただきたいと思います。

東アジアの人たちは集団を拠り所とする傾向が高いのです。

韓国や中国では、家族や親族を含めた血縁関係を重要視することは周知の事実です。日本では、最近まで、会社組織のような集団が、日本人の大きな精神的拠り所となっていました。

自分が属する集団が存在し、その中で互いに助け合うことで、うつ病などの気分障害に陥る危険から身を守っていた。だから、うつ病発症率が低かった。最近、日本人にうつ病患者がふえてきているのは、自分が属していると意識できる集団がない人が多くなっていることと無関係ではないでしょう。

## 助け合いは社会が公平な証

不安遺伝子、集団主義、そしてうつ病といった三つの要素の関係は、東日本大震災を経験した日本人には、ある程度納得できるものだと思います。

地震直後に携帯電話が通じなくなったとき、公衆電話の前できちんと行列をつくり、家族の無事を知りたいと先を争うこともなく、忍耐強く順番を待った人たち。東京の街角のこの光景を見た外国人は、「これが日本人なのだ」と驚嘆したようです。

また、被災地で、後払いでいいからと食料品や日用品を手渡したスーパーやコンビニ。海外であれば略奪・暴動が見られるのに、被災した人たちが辛抱強く耐え、互いに助け合う姿を見て感銘を受けたという外国人も多くいたと聞きます。

不安遺伝子も悪いものではない、集団主義も悪いものではない。互いに助け合う気持ちがなかったら、家族を亡くし家をなくした被災者たちのなかでうつ状態になる人たちは、もっと多くなっていたのではないでしょうか。

ということで、なぜ、日本人が組織における平等とか公平を、潔癖なまでに追求するのか、その謎が解けたのではないかと思います。組織が一体となって協力しあうためには、組織の調和や協調性が破られてはいけないからです。

組織のメンバー誰もが、平等かつ公平に取り扱われていると感じているから、自然災害や伝染病が発生したときに一致団結してことにあたれるのです。不平等だとか不公平だとつね日ごろから鬱憤がたまっているメンバーがいれば、緊急時に、つもりつもった怒りや抑えてきた恨みが爆発して、略奪行為や暴動を起こすことにつながります。

日本人の不安遺伝子保有率は世界一……というと、何かネガティブなイメージがあります。が、すでに見てきたように、不安遺伝子を持っていて良いことも悪いこともあります。ものごとには二つの側面があります。一方だけを見て良い悪いと評価するのは、正しい判断方法だとは思えません。

次に、ビジネスに関連する例を挙げながら、不安遺伝子がもたらす二つの側面を考えてみたいと思います。

## 戦略ナシ、対処戦術のみ

私の知人で、洋服のデザイナーとして小さなお店を持っている人がいます。長い間、海外にも数多くの顧客を持つ服飾デザイナーの下で修業を積んだのですが、そのときの体験にもとづいて、日本人の特性を次のように語ってくれたことがあります。

「洋服をデザインして仮縫いをするとき、西洋のお客さんはまず全体のシルエットに目がいって、そのデザインの大まかな輪郭が自分に合っているかどうかを考えるの。でも、日本人はそうじゃなくて、襟の形とかボタンやポケットの位置とか、細かいところに先に目がいってしまうのよね」

日本人はマクロの視点で物事を考えるのが苦手だ、とよく言われます。先にミクロの細かいほうに集中してしまうのです。

ビジネスにおいても、日本人は戦略を考えるのは不得意だと言われます。たとえば、価格づけについても、競合他社が下げれば市場シェアをとられるから、と自社も下げる。競合他社が上げて、消費者の買い控えもないようなら、自社も上げる。価格戦略がなくて、対処戦術があるだけと評されます。

日本人がマクロの観点ではなくミクロの観点から考えてしまうのは、不安遺伝子のせいかもしれません。

不安を感じるということは、危機を認識しているわけで、その危機がいつ自分を襲ってくるか、襲ってきたらどうしたらよいだろうか……などと、あれこれとりとめもなく漠然と考えているということです。迫りくる危機からどうやって逃げるべきか、と同じことを繰り返し考えるように、ひとつのことだけに集中する傾向が強くなります。だから、大きな観点から全体を見ることができなくなるのです。

## 「マクロよりミクロ」の利点

しかし、ものづくりにおいて、それは悪いことばかりではありません。

アメリカの統計学者ウィリアム・デミングの品質管理技法を徹底して採用したのは、母国アメリカではなく日本の製造業です。それによって、日本の工業製品はコストも安く、他国とは比べものにならないくらい優れた品質を実現できるようになり、これが、日本製品が世界を席巻する大きな要因となりました。アメリカでは無名だったデミングですが、日本の高品質製品に驚いた母国のビジネスマンが、その理由がデミングにあったと知り、その後、教えを乞《こ》うようになったといいます。

日本の製造業は、トヨタ自動車の生産方式のなかの「カイゼン」に代表されるように、現状に満足することなく、もっと良くなるはずだと追求する。完璧を究めることでも有名です。また、中小企業のなかには、つくる部品やパーツが、世界市場においてNo.1とかNo.2のシェアを占める会社もあります。そういった工場では、熟練した職人さんが経験や勘を生かしながら、他ではまねができない究極の製品を創りあげます。

最近では、クールジャパンの宣伝のなかで、こういった職人芸を「匠」という言葉で表現するようになっています。

完璧を究める匠の精神は、一つのことに集中する、細部に徹底してこだわることによって生まれます。そして、匠の技とよばれる精度の高い職人芸を発揮することができるのです。

トヨタの最高級車レクサスのウェブサイトでは、ブランドストーリーのなかで、匠の技を次のように紹介しています。

「最先端のエンジニアリングと伝統的な匠の技の融合によって完成されるレクサス。Pursuit of Perfection……完璧への飽くなき追求。この想いが、製造工程のあらゆる場面において、表れています」

細部に集中し細部にこだわる精神は、不安遺伝子がもたらしてくれた良い点です。

## 日本式オフィスの同調圧力

不安遺伝子を持つことは、ネガティブな情報に敏感に反応することを可能にしてくれる。だから、他人が気分を害したりするとすぐに察知できるし、また、人間関係において、そういった感情が生まれないように気を配ることができるわけですから、グループ内の調和を保つのに役立ちます。

まわりに敏感で共感性も高いという意味で、「不安遺伝子」ではなくて、「感受性遺伝子」だと呼ぶ研究者もいるくらいです。

その反面、たえず他人の目を気にし、他人の心理をおもんぱかるようになるので、自分が本来欲している行動がとりづらくなります。同僚が残業していると自分だけ早く帰れない。また、自分だけ長い有給休暇をとるのは気が引ける……といった罪悪感が生まれてしまうのです。

日本の職場における生産性の悪さは数字の面でもはっきりと表れています。

先進三四ヵ国からなるOECD（経済協力開発機構）が二〇一四年に発表した加盟国の労働生産性では、日本は全体で二二番目の七万三二七〇ドル（第一位はルクセンブルクの一二万七九三〇ドル）、就業一時間あたりでも二〇位の四一・三ドル（第一位はノルウェーの八七ドル）と低い数字です。

自分の仕事がすんだらすぐに退社するようにすれば、生産性はもっと上がるかもしれません。でも、同僚や上司がまだ働いているなか、自分一人だけ浮き上がるのはいやだし、同僚がそれをどう思うだろうかが気になってしまう。

ただでさえ、まわりが自分をどう見るかが気になっているのに、日本のオフィスは、「他人の目」を意識せざるをえないようなレイアウトになっています。

日本のオフィスは大部屋にデスクが両横にも向かい側にもぴったりとくっついているレイアウトが多いようですが、こういったデスクの配置方法を対向式（島型）レイアウトというのだそうです。

島型レイアウトという言葉を辞書で調べると、「複数の家具を隣接、向かい合わせた島状の配置。日本で最も多く採用されているパターンで、最小のスペースで配置できる」となっています。

不動産価格の高い日本ならではの配置だと思ったのですが、それだけではなくて、電話機が高かったころ、この島型レイアウトにすると電話機の数が少なくてすんだ。だからこの配置になったという説もあるそうです。たしかに、デスクが六台あるとしても、電話機はデスクの角同士が合わさる二ヵ所に二台だけですみます。

大部屋にチームごとの島をつくり、リーダーが上座の位置に座る。リーダーの席からはチーム全体が見渡せる。また、グループ内のメンバーが何をしているか電話で何を話しているかリアルタイムでわかる。情報を共有するにはよいかもしれませんが、いつも監視されているようで、他人の目が気になります。

この状況で、「お先に帰ります」なんて言って立ち上がったら、まわりの視線が一斉に集まります。「もう帰るのかよ」と同僚たちが思っているわけではなくても、本人が視線を痛く感じてしまうのは仕方ないでしょう。

「ドライだ」と言われる西欧人ですら、日本のようなオフィスレイアウトでは、早く帰宅するのを躊躇してしまうと思います。

パソコンで資料をつくっていて、ふと目をあげれば、同僚や上司と目が合ってしまう。いつも、誰かに見られているような気がする。なかなか仕事にも集中できません。欧米のオフィスでは若手であっても個室が用意されていることが多く、情報の共有という点では問題がありますが、自分の考えをまとめるのには適しています。

最近では、島型オフィスの良い点も生かしながら、悪い点をカバーするレイアウトが考えられるようになっています。設計するときの重要ポイントは視線です。たとえば、一般社員の後ろに管理職が座るレイアウトにしたら、社員は常に監視されているようなストレスを感じてうつ状態になったという例も耳にします。

島型レイアウトでも、パーティションの設置を工夫することで、椅子に座って仕事に集中しているときには視線を気にすることがなくなります。

また、パーティションの間に隙間があり、対向デスクの人と話をしたいときには、頭を少しずらせば視線を合わせてコミュニケーションできるようになっていて、仕事に集中することも、情報共有も、両方できるようになったそうです。

「他人の目」を意識してオフィスを設計すれば、残業時間が減り、休暇を取りやすい環境に、少しは近づくようになるかもしれません。

## 地震列島と不安遺伝子

本来、不安という感情は、生存率を高めるために生まれた本能的感情です。不安を感じることで、危機に対して準備をするように、実際に危機が発生したときの心構えができているように、あなた自身の脳が教えてくれているのです。

いま、おそらく日本人はほぼ全員、ある程度の不安を抱えて生きているはずです。

経済的問題、温暖化の問題、少子化や高齢化の問題……こういった問題は、世界の先進国が共通して抱えている不安要因です。日本には、それ以外に、地震という自然災害の問題を抱えています。

列島のあちらこちらで頻発する地震に火山の噴火。日本人の不安遺伝子を持つ割合が、同じ東アジアの中国や韓国を抜いて一番高いのは、地震の多い島国だからかもしれません。

日本で一番最初に記録された地震は、四一六年に奈良で発生した地震で、これは、『日本書紀』にも記されています。その後、出来事を記録にのこす習慣が一般化すればするほど、記録された地震の数がふえていきます。九世紀にはマグニチュード七以上の地震だけでも八回、一七世紀には一八回、一九世紀には三五回の地震発生が記録されています。

東日本大震災は八六九年に発生した「貞観地震」に似ているとされます。貞観地震の五年前には富士山や阿蘇山が噴火しています。そして、貞観地震のあと、地震は西に移動して、八七八年には相模・武蔵地震が起こり、八八七年には（いま予測されている）南海トラフ地震ではないかともいわれる大地震が発生しています。

九世紀と同じような地震活動期にあるとすれば、私たちは今後数十年間、不安な思いを抱えながら生きていかなくてはいけません。こういった環境で暮らしていると、私たちの祖先で不安遺伝子を持っていた者の多くが生き残り、この遺伝子を私たちに遺していった理由が実感できるような気がします。

そしてまた、私たち日本人が、歴史をとおして、互いに助け合い協力しあって生きることを優先してきたことも実感できます。自然災害は人と協力しあわなければ生き残っていくことはできません。そのために、集団内における調和を重んじ、メンバー間の平等や公平にこだわったことも理解できます。

私たちは、そういったことを理解したうえで、集団の調和や協調を重視する基本的性質がもたらす欠点についても知らなくてはいけないのです。たとえば、不安を抱えている人間は、幅広く融通性をもって考えることができない傾向が強い。だから、創造的ではない、また、変化を嫌ってリスクをとらないともいわれます。

日本人のここが優れているとかあそこが劣っているとかいうことで、外国人に勝ったとか負けたとか一喜一憂するのではなく、同じ性質が欠点も長所も二つの側面を持っていることを自覚することが大切だと思います。

自分が本来もっている性向を理解したうえで、それがもたらす長所も知ったうえで、欠点をどうやって克服するかを考えるようにしたいと思います。

## 他人の目を気にするのが人類

日本人は「他人の目」を気にし、つねに、まわりの人たちが何を感じ、何を考えているかをおもんぱかろうとすると書きました。

これは、なにも日本人だけの特徴ではありません。人間の目は「互いに協力しあう」ために、いまのような目になっているという説があります。

この説は、最初に日本の二人の研究者の提案から始まり、ドイツの進化人類学者たちが発展させました。

人間の目は他の霊長類の目とは大きく違っています。白目、色のついた虹彩、黒い瞳、この三つの色彩がコントラストをなしています。白目の大きさも他の霊長類に比べると数倍の大きさです。だから、視線がどこを向いているかがすぐにわかります。

「目は口ほどにものを言い」というように、どこを見ているかによって、その人が何を考え何を感じているるか、次に何をするつもりなのかも推測することができます。

人間の場合、赤ん坊でも一歳になるころには、大人が頭を動かさずに目だけで天井を見ても、その視線を追って天井を見るようになります。でも、DNA的には人間に一番近いチンパンジーにはそれができません。人間が頭を動かさずに天井を見るようにすると、その視線を追って天井を見ることはほとんどありません。でも、目をつぶって、頭を上に向けると、チンパンジーも天井を見ます。他の霊長類の場合、目を顔全体と区別することがむずかしいので、頭(顔)の動きで、どこを見ているのか判断するのです。

なぜ、人間の場合は、他の霊長類とは異なる目をもつようになったのでしょうか？

進化人類学者たちは、人間が協力しあって何らかの作業をするのに役立ったからだろうと考えています。

果物のなっている木の枝を見て、自分が手で枝を下にさげるから、仲間のもう一人に果物をもぎとってほしいと考える。そのとき、仲間は相手の視線を追って木の枝を見て、彼が何をしようとしているかの意図を察知することができます。そして、すぐに協力します。

このように人間の目のつくりは、特に、言葉が発達しなかったころには役立ったはずです。

## 協調生活は本能的に不自然

人間は「協力種」です。

協力しあうことで、どの霊長類よりも進化した動物種なのです。でも、互いに協力しあうということは、本能に反することです。

本能に従えば、ほとんどの他の霊長類がしているように、食べ物を見つけたら、仲間と分けようなどと考えずに一人で食べてしまう。でも、人間はそういうことをしたら恥ずかしいとか、罪悪感といった感情を感じるように進化しました。

そう感じることで集団の協力関係を強化することができます。誰かが自分たちよりも多くのものを所有するようになったら、集団の調和や協調性がこわれないように、妬むという感情を進化させて、相手に反省を促します。

それでも足りないと思ったのか、他人を助けることで喜びを感じることができるように、他人と協力すると報酬系が活性化するような仕組みさえも進化させました。

こういったことを逆説的な観点からみると、他人と助け合い協力しあうことが人間にとっていかに不自然で大変なことかということがわかります。人間は誰もが一人で気ままに自由に生きることができればそうしたいのです。

それが本能にそった生き方なのですから。

他人と協調性を保ち協働することはストレスの多いことです。

それでも私たちの祖先は、それを選び、進化してきたのです。

人類（ホモサピエンス）がたどってきた途方もなく長い歴史を考えると、ある種の感動さえ覚えます。社会的動物として生きられるように、本能の力に抵抗できるさまざまな感情を進化させ、環境に適応できるように遺伝子まで変える——。私たちの祖先、というか祖先の脳の健気さを思うと心が動きます。

一〇万年前くらいにアフリカを出てからの長い旅は、集団で皆が助け合わなければ続けることなどできない厳しい旅だったはずです。

そして、いま、私たち日本人が置かれている状況を考えると、ひとつの思いが心に浮かんできます。悪い側面がいろいろあるとしても、日本人がまわりの人々と助け合い協力しあうことができる性質を持っているということは、祖先が遺してくれた貴重な財産なのだ……そう確信をもって言えるような気がしてくるのです。

## おわりに

私の父は地方で中小企業の社長をしておりました。若いころに先代社長の秘書をしていたために早い出世をし、まわりの先輩社員からはけっこう妬まれたようです。その父が晩年、若い社員によく言っていたことがありました。

「自分に本当に自信がもてるようになるのは、自分に何ができるかじゃなくて、自分に何ができないかがわかってからだ。人間は自分にできないことがわかって、初めて、自分の能力を信じられるようになる」

自分に何ができないかを知って初めて、自信がもてるようになる。

この逆説はけっこう好きです。

この本でも書いたように、長所と欠点は表裏一体であることが多いのです。同じ性質が良い点も悪い点も両方もたらします。自分にはこれができないあれができないと思っている人は、でも、そういったことができない裏には、これができあれができるはずだと考え、自分が自信をもてる点を探していただきたいと思います。

いずれにしても、自分は他人よりあれが優れているとかこれが優れていると思っている人の自信は傲慢になりやすい。でも、何ができないかを知ったうえで、自分はこれならできると信じられるようになった人は、傲慢にはならないと思うのです。

傲慢にならない自信は、謙遜を美徳とする日本人らしい自信だと思います。

二〇一五年九月

ルディー和子《かずこ》

# 参考文献

池田信夫『希望を捨てる勇気』ダイヤモンド社 二〇〇九年／桜井英治『贈与の歴史学』中公新書 二〇一二年／マルセル・モース 吉田禎吾、江川純一訳『贈与論』ちくま学芸文庫 二〇一〇年／ルディー和子『ソクラテスはネットの無料に抗議する』日経プレミアシリーズ 二〇一三年／「終身雇用という幻想を捨てよ」NIRA研究報告書 二〇〇九年四月／「（あのとき・それから）昭和33年 終身雇用 会社と従業員は共同体」朝日新聞 二〇一四年七月一二日／「教えてランチ特別編 朝食とランチが無料 楽天の社食」コミミ口コミ 朝日新聞 二〇〇七年一一月一日／「あの会社の社食」マイナビニュース 二〇一二年九月四日／「中元・歳暮減少なのに…『プチ・ギフト』人気のワケ」日本経済新聞 二〇一二年一二月二九日／James C. Abegglen, *The Japanese Factory*, Ayer Co. Pub 1980／Zhou Fangyin, *Equilibrium Analysis of the Tributary System*, The Chinese Journal of International Politics, Vol 4, 2011／*At Google, hours are long, but the consommeis free*, The Washington Post 1/24/2007／*The Zappos way of managing*, Inc. 5/1/2009／*How Jack Welch runs GE*, Business Week, 6/8/1998／「男女変わる意識 雇用機会均等法制定30年」日本経済新聞 二〇一五年六月二三日／「育児を聖域にしない改革 資生堂」日本経済新聞 二〇一五年二月二一日／「資生堂などワーママ活用」SankeiBiz 二〇一四年七月八日／「甘えなくせ 挑む資生堂」日本経済新

聞　二〇一五年六月二九日／『同性としていい迷惑』女性も批判的」産経新聞　二〇一五年四月一七日／「時短なんて甘ったれるな？　マタハラに遭うワーキングマザーの苦悩」日経ビジネスオンライン　二〇一三年七月一三日／Naomi Ellemers, et al., *The underrepresentation of women in science: differential commitment or the queen bee syndrome?* ,British Journal of Social Psychology43, 2004／*The tyranny of the Queen Bee*, The Wall Street Journal, 3/6/2013／*New research shows success doesn't make women less likable*, Harvard Business Review 4/4/2013／西條辰義　「経済学における実験手法について考える：「日本人はいじわるがお好き!?」プロジェクトを通じて」経済学史研究48巻2号　二〇〇六年／西條辰義「優しい経済学―実験で解く　経済行動と感情」日本経済新聞二〇〇六年一〇月二〇日～三〇日／「『国民健康保険』、市町村の約半数が赤字」マイナビニュース　二〇一四年一月二九日／「平成25年度雇用均等基本調査」厚生労働省／「平成23年度育児休業制度等に関する実態把握のための調査研究事業報告書」厚生労働省委託調査／ルディー和子『売り方は類人猿が知っている』日経プレミアシリーズ　二〇〇九年／「格差問題、主要国と比べて日本は？　ジニ係数で比べると」朝日新聞デジタル　二〇一五年三月二一日／「アメリカ1％対99％の格差が過去最大に」ニューズウィーク　二〇一三年九月一二日／「税金考　グローバル化の試練」日本経済新聞　二〇一五年七月二六日／「村上ファンド登場　日本的経営に挑戦状」日本経済新聞　二〇一五年五月一七日／「諸外国における寄附の状況と税制の役割」三菱総合研究所（山田英二）、平成二〇年五月一二日発表資料／「多民族の国、アメリカ」アメリカ合衆国のポートレート、アメリカ大使館ウェブサイト／「米国の移民」日本貿易振興会海外調査部　二〇〇三年三月／Karen Rowlingson, *Does incone inequality cause health and social problems?*, Joseph RowntreeFoundation , September 2011／Naoki Kondo, et all., *Income inequality,mortality and self rated health: meta-analysis of multilevel studies*, British Medical Journal 10, 2009／Richard B. Lee, *Eating Christmas in the Kalahari*, Natural History December 1969／Richard B. Lee, *Reflections on Primitive Communism* in *Hunters and Gatherers* edited by T. Ingold et al., Oxford 1988／高野陽太郎『「集団主義」という錯覚―日本人論の思い違いとその由来』新曜社　二〇〇八年／小林洋美　幸島司郎「コミュニケーション装置としてのヒトの目の進化」電子情報通信学会誌　vol. 82, No6／「日本付近の主な被害地震年代表」（公益社団法人）日本地震学会サイト／「知る・楽しむ・お酒と健康」ＫＩＲＩＮウェブサイト／Corey L. Fincher, et al., *Pathogen prevalence predicts human cross-cultural variability in individualism/collectivism*, Proceedings of The Royal Society B 275, 2008／Frederickson, B, L., *The role of positive emotions in positive psychology: the broaden-and-build theory of positive emotions*, Am Psychol. 56, 2001／Joan U. Chiao and Katherine D. Blizinsky, *Culture-gene coevolution of individualism-collectivism and the serotonin transporter gene*, Proceedings of The Royal Society B 277, 2010／Michael Tomasello, et al., *Reliance on head versus eyes in the gaze following of great apes and human infants: the cooperative eye hypothesis*, Journal of Human Evolution 52, 2007／Murakami F. et al., *Anxiety traits associated with a polymorphism in the serotonin transporter gene regulatory region in the Japanese*, j Hum Genet 1999／Dr. Dennis O'Neil, *Human biological Adaptability*, Behavioral Sciences Dept Palomar College／TurhanCanli, *The Character Code*, Scientific American February/March 2008

## ルディー和子

愛知県出身。マーケティング評論家。立命館大学大学院経営管理研究科教授。国際基督教大学卒。上智大学国際部大学院経営経済修士課程修了。上場企業2社の社外取締役と社外監査役を務める。公益財団法人・流通経済研究所理事、日本ダイレクトマーケティング学会副会長も務める。著書には『合理的なのに愚かな戦略』(日本実業出版社)などがある。

講談社+α《プラスアルファ》新書 698-1 C

**格《かく》差《さ》社《しゃ》会《かい》で金《かね》持《も》ちこそが滅《ほろ》びる**

ルディー和《かず》子《こ》 

**2015年9月17日第1刷発行**

発行者——— 鈴木 哲
発行所——— 株式会社 講談社
東京都文京区音羽2-12-21 〒112-8001
電話 出版(03)5395-3532
販売(03)5395-4415
業務(03)5395-3615

デザイン——— 鈴木成一デザイン室
カバー印刷——— 共同印刷株式会社
印刷——— 慶昌堂印刷株式会社
製本——— 株式会社若林製本工場

定価はカバーに表示してあります。

落丁本・乱丁本は購入書店名を明記のうえ、小社業務あてにお送りください。

送料は小社負担にてお取り替えします。

なお、この本の内容についてのお問い合わせは第一事業局企画部「+α新書」あてにお願いいたします。

Printed in Japan
ISBN978-4-06-272903-1